Bollmann · March · Petersen

KLEINE GESCHICHTE EUROPAS

Peter Bollmann · Ulrich March · Traute Petersen

KLEINE GESCHICHTE EUROPAS

EDITION ANTAIOS

Von Peter Bollmann, Ulrich March und Traute Petersen liegt bei Edition Antaios in gleicher Ausstattung vor:

KLEINE GESCHICHTE DER DEUTSCHEN

(ISBN 3-935063-30-X)

Einbandgestaltung: Bernd Wirzinger

Buchgestaltung und Satz: Oktavo, Syrgenstein
Druck: DTP & Druck Matthias Kopp, Heidenheim
Bindung: Industriebuchbinderei Norbert Klotz, Jettingen-Scheppach

06268 Schnellroda

ISBN: 3-935063-31-8

Inhalt

Vorbemerkung 7

Zeittafel 9

I Indoeuropäische Grundlagen 13

II Griechischer Kosmos und römische *Res publica* 21

III Abendländischer *Ordo* des Mittelalters 61

IV Die Renaissance 91

V *La Civilisation Française* 111

VI Europa in der Revolution 137

VII Europa im Zeitalter der Weltkriege 167

VIII Der geteilte Kontinent 183

IX Das Ringen um die europäische Einheit 193

Anmerkungen 203

Vorbemerkung

In Krisenzeiten ist Besinnung auf die Grundlagen geboten. Insofern hängt die Entstehung dieses Buches eng mit dem gegenwärtigen Zustand unseres Kontinents zusammen. Nur vor dem Hintergrund seiner historischen Entwicklung lassen sich Chancen und Risiken der gegenwärtigen Lage einschätzen. Was Europa ist und sein kann, wird erst durch seine Geschichte und Kultur begreifbar.

Den Verfassern geht es daher zunächst darum, auf wissenschaftlicher Grundlage wesentliche Konstanten, Kontinuitätslinien und dynamische Antriebskräfte herauszuarbeiten. Besinnung auf die Grundlagen heißt aber darüber hinaus auch wertende Deutung, die wie bei jeder historischen Betrachtung naturgemäß standortgebunden ist.

Die Grundkonzeption des Buches bleibt auch in der Neubearbeitung unverändert: historisch fundierte Vergewisserung über Grundwerte und Gefährdungen der europäischen Lebensform.

Zeittafel

Vor Chr.	
Seit 2000	Ausbreitung der Indoeuropäer in Europa und Westasien
Um 1200	Zweite Welle der Indogermanisierung Europas – Dorische Wanderung – Ende der mykenischen Kultur
8. Jh.	Ausbreitung der Griechen im Mittelmeerraum – Entstehung eines hellenischen Gemeinschaftsbewußtseins (seit 776 Olympische Spiele)
6. Jh.	Grundlegung des griechischen »Kosmos« (Entwicklung von Kunst, Philosophie und Wissenschaft; Herausbildung der demokratischen Staatsform in Athen)
490–479	Selbstbehauptung der Griechen in den Perserkriegen (Marathon, Thermopylä, Salamis, Platäa) – Aufkommen des Begriffs »Europa«
480–430	Blütezeit der griechischen Klassik
Seit 5.Jh.	Aufstieg und Vollendung der römischen Republik
336–323	Versuch einer europäisch-asiatischen Synthese durch Alexander den Großen
264–146	Kampf zwischen Rom und Karthago – Römische Vorherrschaft im Mittelmeer
Nach Chr.	
31 v.–14	Prinzipat des Augustus
1. u. 2. Jh.	Weltstellung des *Imperium Romanum* – römisch-germanische Grenznachbarschaft – Allmähliche Ausbreitung des Christentums

4. Jh.	Sieg des Christentums – Beginn der römisch-germanischen Verschmelzung
Um 500	Gründung des fränkischen Großreichs (Chlodwig) – Oströmische Restauration (Justinian)
732	Abwehr der islamisch-arabischen Bedrohung durch das werdende Abendland (Tours und Poitiers)
751	Verbindung des fränkischen Königtums mit der römischen Kirche (»Gottesgnadentum«)
800	Kaiserkrönung Karls des Großen – Christliche Umformung der imperialen Idee
962	Kaiserkrönung Ottos des Großen – *Sacrum Imperium*
Mitte 11. Jh.	Investiturstreit – Kampf zwischen Kaiser- und Papsttum
1150–1250	»Staufische Klassik«
13. Jh.	Anfänge moderner Staatlichkeit im staufischen Normannenreich und im preußischen Ordensland
13./14. Jh.	Mongolische und türkische Expansion in Ost- und Südosteuropa
Seit 14. Jh.	Entwicklung eines neuen Menschen- und Weltbildes in der Renaissance
1492	Entdeckung Amerikas – Beginn der Europäisierung der Erde
Seit 1517	Reformation – Zerfall der Glaubenseinheit des Abendlandes
1648	Ende der Glaubenskriege und der Idee der Universalmonarchie – Anfänge des europäischen Großmächtesystems
Seit 1660	Kulturelle und politische Hegemonie Frankreichs
1683	Sieg einer europäischen Allianz über die Türken vor Wien – Expansion Österreichs im Donauraum
1688	Durchsetzung des modernen Verfassungsstaates in England (*Bill of Rights*)
Seit 1700	Aufstieg Rußlands und Preußens – Herausbildung

	des europäischen Fünf-Mächte-Systems
18. Jh.	Kultur der Aufklärung (*Siècle des Lumières*) – Beginn der Industriellen Revolution
Seit 1740	Epoche des Aufgeklärten Absolutismus (Friedrich der Große)
1789	Ausbruch der Großen Französischen Revolution – Politisierung der Volksmassen – Liberalismus, Demokratie und Nationalismus
1804–1815	Napoleonisches *Empire* – Aufkommen des modernen Cäsarismus
19. Jh.	Aufblühen der Geisteswissenschaften, große Fortschritte der Naturwissenschaften, der Technik und der Medizin – Industrialisierung, Wirtschaftswachstum, Bevölkerungsexplosion
1848	Epochenjahr der bürgerlichen Revolution – Höhepunkt der liberalen und nationalen Bewegung
1880–1918	Imperialismus und Kolonialismus der europäischen Großmächte – Ausbau des Britischen Weltreichs – Schlußphase der Europäisierung der Erde
1914–1918	Erster Weltkrieg – Niedergang der europäischen Weltherrschaft
1917	Wachsende Mobilisierung der Massen (»Totaler Krieg«) – Bolschewistische Oktoberrevolution in Rußland – Kriegseintritt der neuen Weltmacht USA
1918–1939	Sozialistische Revolution und faschistische Gegenrevolution
1939–1945	Zweiter Weltkrieg – Selbstzerstörung der europäischen Großmächte – Globale Hegemonie der Sowjetunion und der USA
1948–1989	Kalter Krieg zwischen den Weltmächten – Aufstandsbewegungen im sowjetischen Machtbereich
1950	Beginn der wirtschaftlichen und politischen Einigung Westeuropas – Montanunion (1951) und Römische Verträge (1957)

Um 1960	Höhepunkt der Entkolonialisierung Asiens und Afrikas – Konfrontation von westlichen Industriestaaten und Entwicklungsländern
1989	Fall der Berliner Mauer – Ende der Spaltung Deutschlands und Europas
2004	Osterweiterung der Europäischen Union

I Indoeuropäische Grundlagen

Heraufkunft und Ausbreitung der Indoeuropäer – seit fast zwei Jahrhunderten ein Hauptgegenstand interdisziplinärer wissenschaftlicher Forschung – sind in manchen Einzelheiten nach wie vor ungeklärt; insbesondere über die indoeuropäische »Urheimat« wissen wir heute weniger, als frühere Forschergenerationen zu wissen glaubten. Sicher ist immerhin, daß sich im Laufe des zweiten Jahrtausends vor Christus eine bestimmte ethnische Gruppe über verschiedene Gebiete Asiens, vor allem aber über Europa verbreitet. Dabei verleiht sie langfristig trotz aller Unterschiedlichkeit der Ausbreitungsformen, Mischungsverhältnisse und regionalen Besonderheiten dem Kontinent in sprachlich-kultureller und in politisch-sozialer Hinsicht einen, verglichen mit außereuropäischen Kulturkreisen, weitgehend einheitlichen Charakter. Ein Merkmal Europas, *die Einheit in der Vielfalt,* ist damit nicht nur durch die geographischen Voraussetzungen, nämlich die starke naturräumliche Gliederung einer verhältnismäßig kleinen Landmasse, sondern auch durch die ethnische Grundstruktur von vornherein vorgegeben.

Die indoeuropäische Expansion läßt sich archäologisch in der Ausbreitung der »Streitaxt«-Kultur, philologisch in dem gemeinsamen Sprachgut der Einzelvölker, historisch in der geistig-politischen Parallelentwicklung der verschiedenen Teilregionen fassen; auffällig sind vor allem die Ähnlichkeiten in *Mythos, Ethos* und *Kultus,* in der Gesellschaftsstruktur sowie in der Rechts- und Staatsordnung. Während die indoeuropäische Kultur außerhalb Europas teilweise auf bereits gefestigte Hochkulturen stößt und sich langfristig nicht oder nur teilweise halten kann, stellt ihr Sieg über die jungsteinzeitlichen Bauernkulturen Europas eines der wichtigsten weltgeschichtlichen Ereignisse dar: Die indoeuropäischen Völker haben diesen Kontinent seither ununterbrochen gestaltet und ihm sein unverwechselbares Gepräge verliehen.

Die Indoeuropäisierung Europas vollzieht sich in der Weise, daß die einzelnen Kulturkreise der ausgehenden Jungsteinzeit von bestimmten Gruppen des expandierenden Steppenvolkes überlagert werden und daß sich aus der Verbindung zwischen alteingesessenem Bauerntum und einbrechendem Hirtenkriegertum ganz neue historische Voraussetzungen ergeben. Dabei kommt die stilprägende Dynamik der einwandernden Indoeuropäer zwar in allen von ihnen erreichten Gebieten, aber nicht überall in gleicher Weise zur Geltung, da von der ursprünglichen Kultur ebenfalls Impulse für die jeweilige regionale Entwicklung ausgehen. So entsteht im Kernbereich der nordischen Großsteingrab-Kultur (Dänemark, Schleswig-Holstein, Südschweden) durch die Verschmelzung beider Bevölkerungsgruppen die neue ethnische Gemeinschaft der frühen Germanen. Auf die gleiche Weise bilden sich damals auch die übrigen älteren Großvölker heraus, im Bereich der donauländischen Kultur die Kelten, weiter südlich Illyrer, Griechen und Italiker, im Osten die Balten und die Slawen.

Das weitere Schicksal dieser indoeuropäischen Teilvölker gestaltet sich höchst unterschiedlich. Während in der Bronzezeit zunächst Germanen und Frühgriechen hervortreten, sind es während der Eisenzeit die Kelten, die damals die Hallstatt- und die La-Tène-Kultur schaffen und über beträchtliche Teile West- und Mitteleuropas verbreitet sind. Im Laufe des ersten vorchristlichen Jahrtausends dringen dann jedoch die Germanen vorwiegend nach Süden vor, seit dem dritten Jahrhundert v. Chr. auch die Römer nach Norden und Westen, so daß die Kelten auf die westlichen Küstengebiete des Kontinents abgedrängt werden; keltische Sprachgebiete sind heute nur mehr Irland, Schottland, Wales und – nach Rekeltisierung im frühen Mittelalter – die Bretagne. Während somit Nord-, Nordwest- und Mitteleuropa von Germanen, Süd- und Westeuropa von den Römern und den romanisierten Völkern besiedelt werden, breiten sich über den größten Teil Ost- und Südosteuropas sowie über Teile Mitteleuropas allmählich die Slawen aus.

Zu den drei Großgruppen der Germanen, Romanen und Slawen gehören heute alle größeren und die Mehrzahl der kleineren Völker Europas, während die übrigen indoeuropäischen Teilvölker seit der Antike an Bedeutung verloren haben. Nicht-indoeuropäischer Herkunft ist nur ein sehr geringer Teil der gegenwärtigen Bevölkerung Europas, nämlich die Finnen, die Esten, die Ungarn und die Basken, ferner die zur semitischen Völkerfamilie gehörenden Juden. Auch diese Völker gewinnen indessen im Laufe der Zeit den Anschluß an die allgemeine Enwicklung, so daß der europäische Kontinent nicht nur ethnisch, sondern auch historisch überwiegend von den Indoeuropäern geprägt worden ist. Dabei ist freilich zu berücksichtigen, daß manche Randgebiete (Spanien, Sizilien, die Balkanhalbinsel, Rußland) zeitweilig von Arabern, Mongolen und Türken beherrscht werden und daß besonders aus dem vorderasiatisch-arabischen Raum wiederholt starke kulturelle Einflüsse auf Europa eingewirkt haben. Diese wechselseitige kulturelle Befruchtung ermöglichte etwa in Spanien oder in Sizilien während des Mittelalters einzigartige Blütezeiten.

Die viertausendjährige ethnische Kontinuität legt die Frage nach einer entsprechenden geistigen Kontinuität nahe. Kann man von einer wissenschaftlich nachweisbaren geistig-seelischen Grundstruktur Europas ausgehen, von einer Art Substrat geschichtswirksamer geistiger Kräfte, das in den verschiedenen Epochen der europäischen Geschichte faßbar ist?

Um einer Antwort auf diese Frage näherzukommen, müßte man die entsprechenden Verhältnisse der indoeuropäischen Frühzeit besonders gründlich analysieren, doch ist das gerade bei dieser Epoche insofern unmöglich, als keinerlei literarische Zeugnisse oder sonstige schriftliche Quellen vorliegen. Entfällt somit die an sich erforderliche historische Detailanalyse, so gestatten doch die bisherigen Ergebnisse anderer Wissenschaften, insbesondere der vergleichenden Sprachwissenschaft und der Archäologie, einige hinreichend gesicherte Aussagen, die – bei vorsichtiger Kombination mit bekannten frühgeschichtlichen Einzelheiten – zumindest eine umrißhafte Vorstellung von den kulturellen Voraussetzungen der europäischen Geschichte ermöglichen.

Wesentlich erscheint in diesem Zusammenhang zunächst einmal die Tatsache, daß das indoeuropäische Urvolk der Steppe entstammt. Strukturanalytische Vergleiche, die sich auf unterschiedliche Räume und Zeiten beziehen, ergeben immer wieder, daß den Umweltverhältnissen der Steppe in besonderem Maße typenbildende Wirkung zukommt oder – was auf dasselbe hinausläuft – daß nur Völker und Gesellschaften einer bestimmten Disposition sich unter diesen Umweltbedingungen behaupten und zu historischer Geltung gelangen. Der viehzüchtende Steppenbewohner ist in vielfacher Hinsicht beweglicher als der Ackerbauer der Waldgebiete oder der frühen Hochkulturregionen; er steht dem Nomadentum sehr viel näher. Zwei Umweltbedingungen sind es vor allem, deren prägender Kraft sich der Mensch der Steppe kaum entziehen kann: die Weite des Horizonts und die ständige existentielle Gefährdung.

Die Notwendigkeit entschlossenen Handelns zur Existenzsicherung der jeweiligen Gruppe hat somit – wie häufig unter ähnlichen Verhältnissen – eine scharfe gesellschaftliche Differenzierung zur Folge. Mit der gleichzeitigen Heraufkunft des Metallzeitalters tritt überdies auch eine stärkere berufsständische Differenzierung ein, da zu den steinzeitlichen Berufen des Jägers, des Fischers und des Bauern nunmehr die des Bergmanns, des Schmiedes, des Händlers, des Fernkaufmanns und bald sehr viele andere kommen. Im Zuge der Wanderungen und der Landnahme im zweiten Jahrtausend bilden sich auch jene aristokratischen Strukturen und Lebensformen heraus, die für die weitere Entwicklung bestimmend werden, und zwar im Rahmen einer politisch-sozialen Ordnung, die durch die Trias von Adel, Burg und Herrschaft charakterisiert ist. Im Gegensatz zum Priester- oder Beamtenadel der vorderasiatischen Hochkulturen begreift sich die indoeuropäische Führungsschicht von vornherein als Kriegeradel, dessen Angehörige ihre Vorrangstellung vor allem im Kampf zu bestätigen haben. Aus dem Geist ständiger Bewährungsbereitschaft erwächst ein ausgeprägtes Leistungs- und Wettbewerbsdenken, das auch auf andere Bereiche des Lebens übertragen wird – die steinerne Streitaxt, die sich in zahlreichen Gräbern der Wanderungszeit findet, kennzeichnet insofern nicht nur die kriegerische Gesinnung ihrer Träger, sondern stellt ein Symbol *agonalen Lebensstils* schlechthin dar.

Der Herrschaftswille dieses Adels richtet sich nicht nur auf Menschen, sondern auch auf Dinge, wobei der Wunsch, ein technisches Problem zu lösen, einen Ödlandbezirk zu kultivieren, eine fremde Küste zu erkunden, zunächst elementaren Besitzinstinkten entsprungen sein dürfte. Wahrscheinlich erst sehr viel später entwickelt sich daraus auch in anderen gesellschaftlichen Schichten ein von vordergründigen Interessen freier *Erkenntnis- und Erfahrungswille,* der es ablehnt, sich mit den gegebenen Verhältnissen abzufinden und vorgefundene Grenzen als unüberschreitbar anzuerkennen: Zu dem agonalen tritt, besonders klar erkennbar seit Beginn der Neuzeit, das »faustische« Prinzip, sowohl im Sinne aktiver Daseinsgestaltung als auch im Sinne theoretischer Erkenntnis.

Die Besonderheit der europäischen Entwicklung und zugleich das Geheimnis ihrer Dynamik liegt nun darin, daß diese geistig-seelische Haltung nicht auf einige wenige exklusive Familien beschränkt bleibt, sondern auch breitere Bevölkerungsschichten erfaßt. Im Unterschied zu manchen anderen Weltgegenden steht nämlich dem europäischen Adel neben rechtlich und wirtschaftlich abhängigen Bevölkerungsgruppen ein selbstbewußt auftretendes, auf seine Freiheitsrechte pochendes Bauern-, später auch Bürgertum gegenüber, das einerseits in verfassungsmäßiger Hinsicht ein beachtliches Gegengewicht darstellt, andererseits aber die Welt- und Wertvorstellungen des Adels weitgehend übernimmt. Auch in diesen Bevölkerungskreisen bestimmen Leistung und Besitz den gesellschaftlichen Rang des einzelnen. Man wetteifert mit dem Adel um Ansehen und Einfluß, und auch der Anspruch auf Geltung durch *persönliche Bewährung,* die planend-aktive Lebensgestaltung, der Wille zur Beherrschung von Natur und Materie oder der Gedanke des *Dienstes an der Allgemeinheit* sind durchaus nachweisbar, so etwa beim griechischen Bürgertum der klassischen Ära.

Unter den Bedingungen einer solchen Ordnung, die qualitative Unterschiede grundsätzlicher Natur innerhalb der freigeborenen Bevölkerung nicht kennt und der freien Initiative der Einzelpersönlichkeit entscheidende Bedeutung zumißt, kann es kaum zur Bejahung von absoluter Herrschaft eines einzelnen oder einer Gruppe kommen. Ungeachtet der Vorrangstellung des Adels ist die Teilhabe aller Freien an der Gestaltung der öffentlichen Angelegenheiten ein selbstverständlicher Anspruch, so daß man die frühen europäischen Verfassungsverhältnisse treffender mit dem Ausdruck »Adelsführung« als mit dem Begriff »Adelsherrschaft« bezeichnet. Die innere Ordnung ist nicht rein aristokratisch, sondern enthält auch demokratische Elemente. So läßt sich für wesentliche Epochen in der Geschichte von Griechen, Italikern und Germanen nachweisen, daß die politischen Grundsatzentscheidungen von der Volksversammlung getroffen werden, die ursprünglich mit der Heeresversammlung identisch ist und der somit alle waffenfähigen Männer angehören. Insbesondere im germanischen Bereich finden sich überdies genossenschaftliche Zusammenschlüsse minderberechtigter Personengruppen, die den herrschaftsrechtlich begründeten Ansprüchen des Adels das Recht der Genossenschaft auf Selbst- und Mitbestimmung entgegenstellen.

Läßt sich somit einerseits ein Sinn für Rangordnungen im allgemeinen und für gesellschaftliche Abstufungen im besonderen feststellen, so ist andererseits aber auch der Respekt vor der individuellen Leistung, vor dem Recht des einzelnen und dem Eigenwert der Persönlichkeit unverkennbar. Dieser Respekt gilt der Person als solcher, also auch dem am Rande der gesellschaftlichen Ordnung Stehenden, dem Unterprivilegierten, sogar dem Feind. Obwohl alle indoeuropäischen Völker strikt vaterrechtlich orientiert sind und die Frau – da nicht wehrfähig – im Normalfall von allen öffentlichen Angelegenheiten ausgeschlossen ist, hat sie eine angesehene Stellung. Vor allem bei den Römern und – noch klarer erkennbar – bei den Germanen erfreut sie sich zumindest in den oberen Gesellschaftsschichten einer außerordentlichen Achtung und Wertschätzung; die Ausstattung der Frauengräber aus der nordischen Bronzezeit und die Nachrichten des Tacitus sprechen eine deutliche Sprache.[1]

Was schließlich die eigentliche Geisteskultur angeht, so lassen einige bedeutsame Grab-, Hort- und Weihefunde, so etwa die Fürstengräber von Mykene oder der Sonnenwagen von Trundholm, in Verbindung mit bestimmten Einzelheiten der mythologischen Tradition vorsichtige Rückschlüsse auf Kunst und Kultus der indoeuropäischen Frühzeit zu. Besonders bei Schmuckgegenständen, Waffen und Kultgeräten ist durchweg ein *bewußter Formwille,* vielfach auch der Sinn für schöne Linienführung zu erkennen. Dies gilt insbesondere für manche Bronze- und Goldgegenstände des zweiten vorchristlichen Jahrtausends, die vor allem in Skandinavien und Norddeutschland sowie im Bereich der frühgriechisch-mykenischen Kultur auffallend schön geformt sind. Hier wie auch in den Epen Homers und in der griechischen Mythologie deutet sich der ästhetische Sinn eines Volkes an, das die Begriffe »Welt« und »Schmuck« mit dem gleichen Wort bezeichnet.

Häufig weisen Schmuckgegenstände, Gebrauchsgeräte und Felszeichnungen der Bronzezeit Sonnendarstellungen auf, zumeist in Kreis- oder Spiralform. Im Unterschied zum Ackerbauern der Jungsteinzeit, der zahllose Erd- und Fruchtbarkeitsgottheiten verehrt, führt der Steppenbewohner das Weltgeschehen vorwiegend auf das Walten des Sonnen- und Himmelsgottes zurück – eine gewisse *Abstraktionsfähigkeit,* wesentliche Voraussetzung jeder geistigen Leistung, scheint unverkennbar.

Die Weite des Horizonts, von der bereits die Rede war, kann hier wohl im doppelten Sinne verstanden werden, denn die Umweltbedingungen der Steppe dürften sich nicht nur auf die sittlich-gesellschaftliche Vorstellungswelt, sondern auch auf die Entwicklung intellektueller und ästhetischer Fähigkeiten ausgewirkt haben. Auf diesen Zusammenhang deutet jedenfalls die Tatsache, daß der Licht- und Sonnengott Apoll bei den Griechen schon früh zum Gott der Dichtkunst und der Musik wird. Am Beispiel des Himmelsgottes Zeus und der – seinem Haupt entsprossenen – Kriegs- und Weisheitsgöttin Athene, läßt sich besonders deutlich verfolgen, wie sich ursprüngliche Naturgottheiten allmählich zu geistig-ethischen Symbolgestalten wandeln.

II Griechischer Kosmos und römische *Res publica*

Die indoeuropäische Einwanderung in Griechenland ist an der Schwelle des achten Jahrhunderts abgeschlossen. Die Einwanderer haben hierbei die Urbevölkerung recht verschieden behandelt. Wir finden zum Beispiel bei den frühen Eroberern, die um die Mitte des zweiten Jahrtausends ihre Herrschaft in Mykene begründen, in Architektur und bildender Kunst eine offensichtliche und bewußte Angleichung an die vorgefundene kretische Kultur, wobei die fremden Kulturelemente freilich nicht einfach übernommen, sondern dem eigenen Lebensstil angepaßt werden. Im Gegensatz hierzu gründen die Dorer ab 1000 v. Chr. ihren spartanischen Kosmos auf der bedingungslosen Unterdrückung der Urbevölkerung. So unterschiedlich sich aber das Verhältnis zwischen Eroberern und Unterworfenen gestaltet haben mag – daß es sich trotz der durchaus friedlich-fruchtbaren Formen des Ausgleichs vorwiegend um Eroberung handelt, wird deutlich, sobald man die Kunst, vornehmlich die Architektur, und das staatlich-politische Ethos der eingewanderten Stämme betrachtet. So zeigen die Wandfresken und Vasen in Mykene in einem den kretischen Darstellungen angenäherten, aber nicht sorglos-heiteren, sondern streng heroischen, oft monumentalen Stil überwiegend Kampf- und Jagdszenen. Die mykenischen Schacht- und Kuppelgräber sowie die gewaltigen, der Sage nach von Zyklopen gebauten Mauern und Befestigungsanlagen deuten klar auf das Bewußtsein einer nur durch kriegerische Bewährung zu behauptenden Herrschaft. Entsprechendes gilt für die Funde in den mykenischen Fürstengräbern, bei denen der reiche Anteil kostbarer Waffen eine von der spielerischen kretisch-minoischen Kultur völlig verschiedene Geisteshaltung bezeugt, und für die Grabstelen, auf denen erstmalig in Hellas der Streitwagen abgebildet wird.

Trotz der überragenden Machtstellung des mykenischen Königs, die aus solchen archäologischen Funden ebenso wie aus der *Ilias* abzulesen ist – der »Völkerhirte« Agamemnon tritt vor Troja als Anführer aller Griechen auf –, und trotz aller von der Sage überlieferten gewalttätigen Züge gerade des mykenischen Königshauses erscheint dieses Königtum dennoch nie als orientalische Monarchie. Vielmehr gilt der König vor Troja zwar als unumstrittener Hegemon, gleichwohl aber nur als *primus inter pares* unter den übrigen Königen, die ihm an Würde und Rang gleichen, nur geringere Machtfülle besitzen. Daß dieses scheinbare Gleichgewicht freilich eher dem Ideal als der Realität entspricht, zeigen die heftigen Streitereien und Rivalitäten zwischen verschiedenen griechischen Anführern, etwa Achill und Aias, bis hin zur Selbstparalyse oder gar Selbstzerstörung. So wird schon am Anfang der griechischen Geschichte eine für die weitere Entwicklung nicht nur Griechenlands, sondern auch Europas entscheidende Komponente deutlich: das Streben nach Ausgewogenheit zwischen freiwilliger Unterordnung unter einen Hegemon in Notzeiten *und* gleichwertigem Nebeneinander innerhalb einer freien Adelsgesellschaft, deren ausgeprägter Sinn für Abstufungen und Ränge durchaus auch destruktive Kräfte freisetzen kann.

Homer verbindet in seinen Epen zwei zeitlich auseinanderliegende Welten, die heroische mykenische Frühzeit und die Welt des neunten und achten Jahrhunderts, in der diese Epen entstehen. Gemeinsam ist aber diesem gesamten, sieben bis acht Jahrhunderte umspannenden Zeitraum die adlige, ritterliche Lebensform, die ihre Ideale vor allem im Kampf, im Streben nach Sieg, Ruhm und Beute findet. Hierbei prägt das agonale Prinzip, »Immer der erste zu sein und voranzustreben den andern[2]«, ebenso bei Menschen wie Göttern nicht nur die kriegerische Auseinandersetzung, sondern auch Feste und Spiele, sportliche und musische Wettkämpfe, Kunst und Geistesleben, Politik und Wirtschaft, ja sogar Alltag und Sprache in allen Schattierungen vom listigen Spiel bis zum tödlichen Ernst, so daß J. Burckhardt nicht zu unrecht von den Griechen als »agonalen Menschen« sprach.

Daß sich seit Homer ein gemeinsames griechisches Bewußtsein herausbildet, liegt nicht zuletzt daran, daß die verschiedenen Stämme hier in der Dichtung für alle geltende Grundlagen und Ideale finden. Fortan bilden Sprache, Mythos und eine Lebensform, die den »Adligen« und den »Besten« mit demselben Wort benennt (*aristos*), gemeinsames Band und verpflichtende Norm alles dessen, was sich als »hellenisch« bezeichnet.

Das Bewußtsein einer alle Verschiedenheiten und Feindschaften letztlich umfassenden Gemeinschaft wird freilich nicht nur durch die Dichtung geweckt, sondern entsteht vor allem auch als Antwort auf bestimmte konkrete und von allen gleichermaßen zu bewältigende Aufgaben oder Gefahren. Die Sage zeigt dies bereits anläßlich des griechischen Feldzugs gegen Troja. Hier entwickeln sich erstmalig in der Auseinandersetzung mit dem andersartigen Asien Ansätze eines Bewußtseins, das dann später in den Perserkriegen klar hervortreten wird. Historisch faßbar wird dies Bewußtsein erstmalig während der griechischen Kolonisation.

Die Gründe dafür, daß aus den verschiedensten Städten des Festlands unter Führung des Adels nun Menschen der unterschiedlichsten sozialen Gruppen aufbrechen, sich über das Meer wagen und jenseits der vertrauten Welt Tochtersiedlungen gründen, reichen vom Bevölkerungsüberschuß der Mutterstadt, Landnot, Kargheit des Bodens und bitterster Not über soziale Gegensätze, innenpolitische Spannungen und Parteienzwist bis hin zur Hoffnung auf neue Handelsplätze und Gewinn. Vor allem aber ist diese Kolonisation Ausdruck eines elementaren, neuen Lebensgefühls, von Abenteuerlust, Neugier und dem Drang, über die bekannten, bereits durch griechische Seefahrer erkundeten Grenzen hinaus Neues zu entdecken.

Daß Europa zunächst von griechischem Geist geprägt wird, ist unter anderem darauf zurückzuführen, daß das gesamte Mittelmeer auf solche Weise seit der Mitte des achten Jahrhunderts unter griechischen Einfluß gerät und vor allem der Typ des Gemeindestaates, die *Polis*, gerade in der Fremde führende Bedeutung gewinnt. Im Vergleich und in der Auseinandersetzung mit den neuen Nachbarn wächst unter den Kolonisten die Erkenntnis der eigenen Andersartigkeit, die sich im Gegensatzpaar Hellenen – Barbaren ausdrückt. Hierbei gelten als Barbaren alle diejenigen, die aufgrund ihrer plappernden Sprache und mangelnden Bildung nicht in den durch Homer geprägten Bildungs- und Kulturkreis gehören.

Als Folge dieses wachsenden Bewußtseins der hellenischen Eigenart entwickeln sich nun zahlreiche überregionale Bünde oder gar panhellenische Einrichtungen wie zum Beispiel die panhellenischen Spiele. Allen diesen Zusammenschlüssen ist gemeinsam, daß über der Vielfalt der nach wie vor deutlich betonten Unterschiede eine wie auch immer geartete politische, religiöse oder kulturelle Einheit gefunden wird. Bezeichnend hierfür ist der Umstand, daß während der panhellenischen Spiele in Olympia, Delphi, Nemea und auf dem Isthmus, die jeweils zu Ehren einer Gottheit ausgerichtet werden, unter den beteiligten griechischen Staaten Waffenruhe herrscht. Der Siegespreis bei diesen Spielen, ursprünglich nur ein schlichter Lorbeer- oder Olivenkranz, verdeutlicht, wie sehr hier agonales Prinzip und kultische Feier zunächst vereinigt sind. Denn nicht zuletzt fördert schließlich die gemeinsame Götterwelt ein gemeinsames griechisches Bewußtsein. Hierbei zeigt sich der griechische Götterhimmel als ein von der menschlichen Welt keineswegs verschiedener Bereich. Die aristokratische Götterfamilie erscheint als gesteigertes, erhöhtes Abbild der menschlichen Gesellschaft. Äußere Erscheinung und Lebensform der Götter spiegeln, obgleich oder vielleicht gerade weil sie nicht vor Verwundung und Leid geschützt sind, die zur Vollkommenheit erhobene Menschennatur, der sie grundsätzlich nur die Unsterblichkeit voraushaben.

Schönheit, Kraft, Weisheit, Klarheit, Erfindungsgabe und die

Herrschaft über die Naturgewalten verkörpern sich in verschiedenen Gottheiten. Gerade die bunte Vielseitigkeit dieses Götterhimmels führt zu einer Ausgewogenheit der verschiedensten elementaren Kräfte und gewinnt damit eine erhöhte ethische Ausstrahlung. Daß es den Griechen darüber hinaus gelingt, auch den ursprünglich fremden Gott Dionysos, den Gott des jedes Maß sprengenden Rausches, aufzunehmen und dem olympischen Götterhimmel einzufügen, daß sie die dunklen, schöpferisch-fruchtbaren, aber auch zerstörerischen Kräfte dieses Gottes als notwendige Ergänzung zu der apollinischen Klarheit begreifen, erscheint als überzeugender Beweis für die Tragfähigkeit dieser Lebenshaltung.

In derselben Zeit, in der sich die Griechen als »Hellenen« innerhalb einer umfassenden Gemeinschaft verstehen lernen, tritt nun – gewissermaßen in einer Parallelbewegung – auch erstmalig der Einzelmensch als historisch faßbares Individuum auf. Erste Andeutungen hierauf zeigten bereits die goldenen Gesichtsmasken der mykenischen Königsgräber, Formen der frühesten Porträtversuche auf europäischem Boden. Seit der griechischen Expansion im Zeitalter der Kolonisation, die oft der Initiative adliger Einzelpersönlichkeiten entspringt, begegnen uns nun in Dichtung, Politik und Philosophie unverwechselbare, lebendige, schöpferische Individuen, zum Beispiel die jonischen Naturphilosophen, die Dichter Hesiod, Sappho und Alkaios oder die Tyrannen Peisistratos von Athen, Polykrates von Samos und Phalaris von Agrigent. Ihre Wirkung erstreckt sich bis heute auf Dichtung, Einsicht in das Wesen von Politik und Herrschaft sowie auf Philosophie und Wissenschaft insgesamt.

Daß Thales von Milet 585 v. Chr. aufgrund von exakten Berechnungen die Sonnenfinsternis voraussagt, zeigt, wie in dieser Zeit neben die Weltdeutung im *Mythos* die Welterklärung im *Logos* tritt.

Damit beginnt in gewissem Sinne für Europa das Zeitalter der Wissenschaft. Allerdings wird gerade im Vergleich zu dem modernen Bruch zwischen Philosophie und (Natur-)Wissenschaft und im Vergleich zur modernen Forderung nach »zweckfreier Wissenschaft« eine Eigentümlichkeit dieser griechischen Anfänge von Wissenschaft deutlich: In den Versuchen der Naturphilosophen, den allem zugrundeliegenden »Urstoff« zu bestimmen und die sich in aller Vielfalt und Verwandlung erhaltende Einheit und Identität zu ergründen, wird Wissenschaft nie abstrakt und zweckfrei betrieben. Sie bleibt anschaulich und, wenn nicht dem Mythos und Kultus, so doch der Philosophie und der Rücksicht auf menschliche Maße in Politik und Gesellschaft verpflichtet.

Die spezifisch griechische Verbindung von Philosophie, Ethik, Wissenschaft und politischem Interesse ist auch in der Folgezeit immer wieder zu beobachten, bei den Sophisten, bei Sokrates, Platon, Aristoteles ebenso wie bei den Mathematikern Archimedes und Pythagoras; diese Linie wird dann erst mit Demokrits Atomismus und seinem modernen Prinzip der Quantifizierung beendet.

Am frühesten und besonders deutlich wird diese Verbindung bei Heraklit. Sowohl in der Formulierung der unergründlichen Rätselhaftigkeit der menschlichen Seele wie in der Auseinandersetzung mit Politik und Ethik, im Nachdenken über den Urstoff (»Feuer«) wie schließlich im Erfinden großartiger Bilder, in denen die Widersprüche und agonalen Kräfte dieser Welt zu einer höheren Einheit zusammengefügt werden, gehört er zu den charakteristischsten Gestalten dieser am Anfang des griechischen Geisteslebens stehenden bedeutenden Individuen.

Nach der griechischen Umbildung der phönikischen Konsonantenschrift in die erste reine Lautschrift ist für die Ausbreitung von Kultur und Wissenschaft im gesamten griechischsprachigen Raum entscheidend geworden, daß kulturelles Leben und Interesse nicht Sache weniger bevorzugter Kasten oder Gruppen bleiben, sondern eine breite Schicht über den Adel bis hin zum ärmsten freien Bürger hier mit ungewöhnlicher Bereitschaft Bildung im weitesten Sinn als persönliche und allgemeine Aufgabe wahrnimmt (*Paideia*).

Zur gleichen Zeit, in der in Griechenland erstmalig individuelle Einzelpersönlichkeiten faßbar werden, entwickeln sich auch die verschiedenen *Poleis* als unverwechselbare, autonome Gebilde. Die geographische Aufsplitterung und Kleinkammerung der griechischen Landschaft hat hierbei eine wesentliche Rolle gespielt. Jedoch ist nicht zu verkennen, daß sich hier auch das im folgenden für Europa charakteristische Gesetz der »Einheit in der Vielfalt« dokumentiert, das sowohl die Chance der lebendigen, spannungsreichen Auseinandersetzung im Sinne des *Agons* und der Steigerung als auch die Gefahr der Selbstzerstörung enthält. Beispielhaft und deutlicher als in den verschiedenen anderen Kleinstaaten zeigt sich dies im Vergleich zwischen Athen und Sparta.

Nicht zufällig wird die eigentümliche Gestalt des spartanischen Kosmos auf eine bewußte Gründung durch den sagenhaften Lykurg zurückgeführt. Wenn auch die historische Entwicklung der Staatsordnung Ergebnis eines jahrhundertelangen »Belagerungszustands« sein dürfte, so erscheint die Ausschließlichkeit, mit der dieser spartanische Kosmos alle Lebensgebiete und -formen seiner Bürger erfaßt und prägt, tatsächlich wie das Werk eines einzelnen, unerbittlich und konsequent planenden Geistes. Die zahlenmäßig geringe Schicht der Spartiaten, in der Blütezeit Spartas nicht mehr als neun- bis zehntausend Männer, vereinigt als adlige Oberschicht der siegreichen dorischen Einwanderer auf merkwürdigste Weise Züge einer Aristokratie und Elemente eines radikalen gesellschaftlichen Gleichheitsprinzips. Aristokratisch sind Selbstbewußtsein und Selbstverständnis dieser Herrenschicht gegenüber den Bewohnern der weiteren Umgebung Spartas, den Periöken, die vermutlich ebenfalls zu den ehemaligen Einwanderern gehörten. Als Nichtadlige besitzen diese zwar die persönliche, nicht jedoch die politische Freiheit. Sie sind ohne aktive oder passive politische Rechte zur Heeresfolge verpflichtet. Als Herrenschicht zeigt sich die Aristokratie vor allem aber gegenüber den Heloten, Nachkommen der vordorischen, unterworfenen Urbevölkerung und der besiegten messenischen Nachbarn. Diese völlig unfreie Schicht unterscheidet sich von derjenigen der Sklaven durch ihre hohe zahlenmäßige Überlegenheit und damit durch die ständige Gefahr, die sie für ihre Herren darstellt. Mittels der stets erneuerten Erklärung des »Heiligen Krieges« gegen die Heloten verschaffen sich die Spartiaten die Legitimation, Heloten ungestraft töten zu können und in nächtlichen blutigen Streifzügen jeden möglichen Ansatz zur Auflehnung rücksichtslos zu unterdrücken.

So sehr auf solche Weise die Beziehung zu den anderen Gruppen dieses Staates von der Bevorrechtigung einer Aristokratie bestimmt wird, so unbedingt gilt innerhalb dieser Aristokratie selbst das Gesetz der absoluten Gleichheit in der politischen Gemeinschaft und im Krieg. In der Phalanx der schwerbewaffneten Hopliten wird – anders als bisher im adligen Zweikampf zu Pferd – von jedem in gleicher Weise die Erfüllung seiner Pflicht als Glied einer Kette verlangt. So heißen die Spartiaten, die an den gemeinsamen Mahlzeiten teilnehmen, die »Gleichen«; wer die für diese Mahlzeiten zu zahlenden Beträge nicht leistet, verliert die Vollbürgerschaft und gehört hinfort zu den »Minderen«. Die Heeresversammlung der Spartiaten ist gleichzeitig auch die Volksversammlung der gleichen, freien Bürger. Innerhalb der Aristokratie bedeuten verschiedene Gruppen von Regierungsorganen jedoch ein Element der Spannung und Widersprüchlichkeit in dieser sonst gewissermaßen »kommunistischen« Lebensgemeinschaft.

Nicht nur aufgrund des Verhältnisses zu den Heloten gleicht das Leben in Sparta dem eines ständigen Kriegslagers. Auch die Lage mitten in der Eurotasebene, umgeben von feindlichen Nachbarn, gegen die keine natürliche Grenze schützt, zwingt Sparta zu ständiger Kriegsbereitschaft. Das spartanische Wort, daß die Stadt keine Mauern brauche, da die Spartaner ihre Mauern seien, macht aber neben diesen historischen oder geographischen Ursachen für die Eigenart des spartanischen Kosmos noch einen dritten Grund deutlich: Man hätte ohne weiteres so wie andere *Poleis* Mauern bauen können – wenn man es gewollt hätte. Aber die kriegerische Betätigung als ständige Ausrichtung auf ein hohes, gemeinsames

Ziel stellt offenbar für die Spartiaten auch in sich selbst einen Zweck dar, indem hier eine nie erlahmende, erhöhte Anspannung der Kräfte als Übung in körperlicher und kriegerischer Gewandtheit, Kühnheit, in List und Stärke, Abhärtung, (Selbst-)Disziplin und Gehorsam, kurz: absoluter Unterordnung unter ein gemeinsames Interesse als wesentliche Grundlage des staatlich-politischen und gesellschaftlichen Lebens gilt.

Freilich werden diese Tugenden mit dem weitgehenden Verzicht auf jede private Lebensform hoch bezahlt, was bereits in der Antike als etwas Fremdes und Unnatürliches kritisiert wird. Die Mädchen werden zwar nicht anders als die Jungen von früh an zu körperlicher Tüchtigkeit und Leistungsfähigkeit erzogen, aber nicht um einer gleichwertigen Ausbildung willen, sondern im Interesse möglichst gesunden Nachwuchses. Ein Familienleben kennt Sparta nicht, weder zwischen den Gatten – die Männer schlafen, essen und leben für sich in Zeltgemeinschaften – noch zwischen Eltern und Kindern: Als Siebenjährige werden die Jungen von der Mutter gelöst und gemeinsam mit Gleichaltrigen unter der Aufsicht Älterer erzogen, bis sie, zwanzigjährig, in die Gemeinschaft der Wehrfähigen aufgenommen werden, deren Leben aus Sport, Jagd und Krieg besteht. Auch in diesem Zusammenhang bieten die Heloten, die die Ländereien der Spartiaten bewirtschaften, eine Voraussetzung dafür, daß die Spartiaten sich ohne jede Ablenkung durch die Sorge um den Lebensunterhalt ausschließlich solchen aristokratischen Beschäftigungen widmen können.

Was die Spartiaten in der Frühzeit ihres Staates durch diese Lebensform erreichen, ist die unumschränkte Herrschaft über die südliche Peloponnes und seit der zweiten Hälfte des sechsten Jahrhunderts die Hegemonie über den Peloponnesischen Bund. Aber indem auf solche Weise die äußere Rechtfertigung des spartanischen Lebensstils fortfällt, beginnt auch die innere Spannung nachzulassen, aus der heraus sich bisher alle Anstrengungen und harten Beschränkungen begründeten. Wo bisher die Übereinstimmung zwischen äußerer Bedrohung und innerem Lebensgesetz zu erstaunlicher Geschlossenheit und Leistungsfähigkeit, auch auf kulturellem Gebiet in Musik, Baukunst und Dichtung führte, wird jetzt die kriegerische Lebensform immer mehr nur um ihrer selbst willen gepflegt. Seit dem sechsten Jahrhundert beginnt der spartanische Kosmos zu erstarren.

Die Abkapselung von den anderen griechischen Staaten bis zum Verzicht auf jede Teilnahme am kulturellen Leben Griechenlands und schließlich auch die ständig zurückgehende Bevölkerungszahl der Spartiaten zeigen, daß Lebenskraft und Selbstbewußtsein immer mehr nachlassen. In der alle Griechen bedrohenden Gefahr der Perserkriege beweist Sparta dann zwar noch einmal als einzige Stadt neben Athen von Anfang an unerschütterlichen Stolz und Kampfbereitschaft. Aber daß die Spartaner bei Marathon die Athener aufgrund ritueller Vorschriften allein kämpfen lassen, enthüllt die Lähmung dieses Staates, dessen letzte kriegerische Anstrengungen nach den Perserkriegen im Kampf mit der Rivalin Athen auch seine letzten politischen und ethischen Reserven aufzehren.

Wenn der spartanische Kosmos am Ende als militärischer Zwangsstaat erscheint, so führt die Entwicklung der athenischen *Polis* zum Gegenteil, der immer stärkeren Entfaltung des Individuums – anfänglich mit und durch den Staat, schließlich aber auf Kosten des Staates, dessen endgültiger Niedergang nur kurz vor demjenigen Spartas eintritt: Polarität und Vergleichbarkeit bestimmen auf vielfältige Weise das Verhältnis zwischen Sparta und Athen. Dies wird bereits deutlich bei der Betrachtung der Anfänge Athens.

Wie in Sparta wird auch hier das Königtum, dessen Macht unter anderem aus den Nöten und Gefahren der Wanderungszeiten erwachsen ist, durch den Adel verdrängt. Gegen Ende des siebten Jahrhunderts aber führt die gegenüber den freien Bauern immer stärker anwachsende Adelsherrschaft das politisch-soziale Leben in eine Krise: Unter anderem als Folge der Einführung der Münzwirtschaft verarmt das freie Bauerntum Attikas, verliert seinen Besitz an die reichen Adligen und verkauft sich teilweise sogar in die Schuldknechtschaft. Die so entstandene Spannung innerhalb der Polis zu lösen, wird Solon als Schiedsmann mit weitgehenden Vollmachten gewählt. Von ihm, der sich allen Versuchungen zum Mißbrauch dieser Machtfülle unzugänglich zeigt und in unbeirrbarem Sinn für einen gerechten Ausgleich der Interessen beider Seiten sorgt, stammt jene Neuordnung des athenischen Staates, die die Grundlage für den Aufstieg und die Blüte Athens sowie für die hier in der Folgezeit erstmalig verwirklichte Demokratie bildet. In Solons Aufhebung der Schuldknechtschaft ist zunächst eine grundsätzliche und neue Achtung vor dem Recht und der Würde des freien Individuums erkennbar. Entsprechend entscheidet in der sogenannten »Solonischen Verfassung« nicht mehr die von vornherein festgelegte Zugehörigkeit zu einer Gruppe, das heißt das Geburtsrecht, über Stellung und Einfluß im Staat, sondern der Besitz auf der Grundlage der Bodenerträge. Damit wird erstmalig das Leistungsprinzip zur Grundlage des staatlichen und gesellschaftlichen Lebens erhoben. Je nach Einkommen gehört man nun zwar zu einer der vier Klassen, aber Auf- und Abstieg innerhalb der Klassen und damit Mobilität innerhalb des Gesellschaftsgefüges sind möglich und abhängig vom persönlichen Einsatz und Leistungswillen. An diesen Möglichkeiten haben nur die Sklaven keinen Anteil.

Auch hier ist die Volksversammlung identisch mit der Heeresversammlung. Die Einteilung nach Klassen entspricht der Gliederung des Heeresaufgebotes. Insgesamt zeigt sich in dieser Ordnung ein nicht nur für die griechische Antike wesentlicher Grundsatz des politischen Lebens: Beschlußfassung in der Volksversammlung und Gerichtswesen liegen bei allen Bürgern; die eigentlichen Regierungsaufgaben aber sind abgestuft den höheren Klassen vorbehalten. Deren größere Rechte begründen sich hierbei durch größere Pflichten im Krieg ebenso wie im täglichen Leben der *Polis*. Wer, mit der Sorge um seinen Lebensunterhalt beschäftigt, nur mühsam seine Familie ernähren kann, hat weder Kraft noch Zeit, sich Regierungsgeschäften zu widmen. Unabhängig von solchen

Erwägungen bedeutet die Bekleidung der höheren Ämter, vor allem des Schatzmeisteramtes, auch die Haftung für die jeweils getroffenen Entscheidungen mit allem persönlichen Besitz. Der finanzielle Einsatz gerade der Vermögenden für politische und kulturelle Aufgaben der *Polis* ist in Athen besonders auffällig. Indem insgesamt die Freiheit des einzelnen gesichert und gestärkt und gleichzeitig ergänzend hierzu die Grundlage für die künftige Wirksamkeit des Staates als einer von allen Bürgern zu tragenden und zu schützenden, gemeinsamen Institution gelegt wird, beginnt mit Solon »die Geschichte der Staatsidee in Europa« (H. Bengtson).

Dieser durch Solon versuchte Ausgleich scheitert jedoch kurze Zeit später. Während die Entwicklung Spartas die Spannung zwischen Individuum und Staatsganzem konsequent und einseitig zugunsten des letzteren entscheidet, führt die Entwicklung Athens nach Solon zunächst zur Behauptung des großen Individuums gegen den Staat: 560 v. Chr. begründet hier Peisistratos die *Tyrannis*. Die bisherigen Abstufungen und Ränge innerhalb der Gesellschaft und die Sicherungen von Freiheit und Recht werden wieder aufgehoben – vor dem Tyrannen sind alle gleichermaßen politisch rechtlos und unfrei. Eben hierin aber liegt die zukunftweisende Bedeutung dieses »Rückfalls« in die Alleinherrschaft. Denn nicht nur darin, daß die Tyrannen sich bei ihrem Kampf um die Macht oft demonstrativ als Interessenvertreter der »kleinen Leute«, der Kleinbauern und des Mittelstandes zeigen, deren naive Zustimmung auf dem Weg zur Herrschaft unentbehrlich ist, auch in der erstmaligen Gleichstellung aller Bürger unter einer Spitze zu einer Zeit, als das Bewußtsein für mögliche Rechte und Pflichten der Bürger seit Solon zu wachsen beginnt, liegt eine wesentliche Voraussetzung für die attische Demokratie, die nach dem Sturz der *Tyrannis* im Jahr 510 v. Chr. in verhältnismäßig schnellen Schritten verwirklicht wird.

Kleisthenes – auch er ein Mitglied jener miteinander rivalisierenden Adelsgruppen – ordnet nun den Staat in der Weise, daß *Isonomie*, gleiches Recht für alle, herrscht. Um die geschlossenen adligen Clans und die um sie gebildeten Gruppen in ihren Sonderinteressen einzuschränken, wird das Gebiet der *Polis,* das nicht nur die Stadt selbst, sondern auch das Umland umfaßt, reißbrettartig mathematisch aufgeteilt und neu zusammengesetzt, wobei weit auseinanderliegende Gebiete und Bevölkerungsgruppen nun jeweils in einer der zehn *Phylen* vereinigt werden. Die Verwaltungsorgane des Staates werden gleichmäßig aus allen *Phylen* gebildet. Hierbei besteht theoretisch die Möglichkeit, daß jeder, auch der einfachste Bürger, für einen Tag einmal an die Spitze des entscheidenden Regierungsorganes, des Rates der Fünfhundert, rückt – eines der frühesten Beispiele für eine auf lokaler Einteilung beruhende Repräsentation des Volkes und für den Versuch, die Teilhabe eines jeden Bürgers am politischen Leben zu ermöglichen.

Ihre entscheidende Probe besteht diese auf *Isonomie* gegründete *Polis* wenig später in den Perserkriegen. So wie hier in der gemeinsamen Gefahr erstmalig eine panhellenische Wehrgemeinschaft errichtet wird, der sich freilich nicht alle griechischen Staaten anschließen, gilt auch für die Stadt Athen, daß jetzt alle Bürger in gleicher Weise ihre Stadt verteidigen. Die Überzeugung von den Vorzügen der eigenen staatlichen und gesellschaftlichen Ordnung, vor allem die leidenschaftliche Liebe zur Freiheit geben den Athenern die Kraft, sich bei Marathon der persischen Übermacht erfolgreich zu erwehren. Der Flottenbau, den Themistokles dann für die von ihm richtig vorausgesehene erneute Auseinandersetzung mit Persien durchführt, bringt nicht nur zehn Jahre später den entscheidenden Erfolg in der Seeschlacht bei Salamis. Er ist auch, mitten in der persischen Bedrohung, bereits Zeichen für die beginnende Rivalität mit der bisher führenden griechischen Landmacht Sparta. Beide Staaten, Athen und Sparta, zeigen sich aber 480 v. Chr. noch einmal auf einem überzeugenden und charakteristischen Höhepunkt: Athen siegt bei Salamis dank seiner Fähigkeit, sich unter der Führung bedeutender Individuen schnell und wendig auf neue Forderungen um- und einzustellen, eine Fähigkeit, die der Flottenbau insgesamt beweist, zeichenhaft aber auch die listige Botschaft des Themistokles an Xerxes, derzufolge die Perser in die ihnen gestellte Falle gehen. Sparta seinerseits wächst durch den heldenhaften Widerstand des Leonidas an den Thermopylen über sich selbst hinaus, indem die sonst nur innerhalb und für diese Stadt selbst geübten Tugenden der Pflichterfüllung und des Selbstopfers sich nun auf einer höheren Ebene im Einsatz für das gesamte Griechenland bewähren.

Mit dem griechischen Sieg über die Perser wird »Europa als Idee und Wirklichkeit geboren« (H. Bengtson). Im Vergleich und in der Abgrenzung des Griechentums gegenüber dem riesenhaft unbeweglichen Aufgebot der Perser, deren sklavische Unterordnung unter einen göttlich verehrten, despotischen Herrscher die Griechen bei sonstiger Hochschätzung mit Verachtung erfüllt, erwächst erstmalig der Begriff »Europa« im noch heute gebräuchlichen Sinne.

Bisher hatte er vorwiegend geographische Bedeutung. Er meinte meist das Gebiet südwestlich des Tanais (Don) gegenüber den anderen Erdteilen Asien und Afrika (Libyen). Der griechische Mythos spiegelt bereits das eigentümliche, teils feindliche, teils von ursprünglichen Verbindungen geprägte Verhältnis Europas zu Asien, indem die phönikische Königstochter Europa von dem stiergestaltigen griechischen Gott Zeus nach Kreta entführt wird – Andeutung frühester Anfänge der abendländischen Geschichte, die sich in einer Umwandlung orientalischer Einflüsse auf griechischem Boden vollzogen. Seit den Perserkriegen aber zeigt der Begriff »Europa« als Gegenbegriff zu »Asien«, über geographische und mythisch-kulturelle Zusammenhänge hinausgehend, erstmalig jene Merkmale einer historisch-politischen und geistig-kulturellen Einheit, die mit den ideellen Werten der politischen Freiheit, geistigen Unabhängigkeit und kulturellen Lebendigkeit bis heute Gültigkeit besitzen.

Nach den Perserkriegen entfaltet sich im Zeitalter des Perikles die höchste Blüte Athens. Gleichzeitig aber erwächst aus der Stadt selbst auch die höchste Gefährdung des hier verwirklichten Ideals; nach Perikles' Tod kommt es in kürzester Zeit zum Niedergang des kulturellen und politischen Lebens.

Die Auswirkungen der Perserkriege führen zunächst zur radikalen Demokratie. Wenn die vierte Klasse durch ihren Dienst auf den Schiffen des Themistokles den Sieg bei Salamis mit entschied, so erscheint es nur konsequent, daß ihr nun auch den Pflichten entsprechende Rechte eingeräumt werden. Nur die Ämter der Feldherrn und Finanzbeamten bleiben wegen der damit verbundenen Aufgaben und Risiken von dem überall sonst geltenden Losverfahren ausgeschlossen. Die traditionelle oberste staatliche Instanz, der Areopag, wird seiner eigentlichen politischen Macht beraubt und behält lediglich die Blutgerichtsbarkeit. Demgegenüber wird die Teilnahme auch des Ärmsten am politischen Leben ermöglicht, indem für die Übernahme eines Amtes, ja sogar für den Besuch des Theaters, staatliche Diäten gezahlt werden.

In diesen Neuordnungen wird die Problematik der radikalen Demokratie deutlich: Das Element von Stetigkeit und Kontinuität im politischen Tageskampf, das bisher durch den Ältestenrat des Areopags und die in ihm repräsentierte Summe von Altersweisheit, Staatsklugheit und Erfahrung gewährleistet war, fällt nun fort. Indem die Klasseneinteilung zwar nicht aufgehoben, die ursprünglichen Rechte der ersten Klasse mit wenigen Ausnahmen aber immer weiter auf die unteren Klassen ausgedehnt werden, wird die bei Solon gesicherte Verbindung von Rechten und Pflichten ausgehöhlt zugunsten eines hemmungslos fordernden Anspruchsdenkens. Politisches Interesse und die Wahrnehmung der politischen Rechte erscheinen weniger als verantwortungsvolle Aufgabe, die für jeden Bürger gilt, sofern er sich als *zoon politikon* versteht, sondern eher als bezahlte Freizeitbeschäftigung. Anstelle des Anreizes zur Leistung tritt die Versorgung durch den »Wohlfahrtsstaat«, der echtes politisches Interesse tötet, indem er es bezahlt.

Daß solche konsequente Verwirklichung von Gleichheit und Volksherrschaft nicht sofort im Chaos endet, ist vor allem darauf zurückzuführen, daß Athen gerade während dieser Zeit »zwar dem Namen nach eine Demokratie, in Wahrheit aber die Herrschaft des ersten Mannes« erlebt.[3] Perikles gelingt es, das schwierige Gleichgewicht zwischen radikaler Volksherrschaft und notwendiger Führung herzustellen, da seine persönliche Autorität und die Fähigkeit, die Masse zu leiten, ihm über Jahre hinweg in dem entscheidenden Amt des Strategen die Möglichkeit einer souveränen Staatsführung geben. In dem nach ihm benannten Zeitalter schaffen die um ihn versammelten Künstler während nur eines Menschenalters in Architektur, Malerei, Plastik, Dichtung und Philosophie die Vorbilder dessen, was seither »klassisch« heißt. Maßvolle Ausgewogenheit und harmonische Vollendung kennzeichnen sowohl die in dieser Zeit errichteten Marmortempel der Akropolis, besonders den der Stadtgöttin geweihten Parthenon, als auch die Vasenmalerei und die gelösten, in sich ruhenden Plastiken eines Phidias. Daß diese »klassische Ruhe« nicht leichte Pose ist, sondern auf der schwer errungenen Versöhnung von Gegensätzen beruht, wird beispielhaft in Myrons Athena-Marsyas-Gruppe deutlich. Die hier aufeinanderprallenden Gegensätze werden durch die ruhige Anmut und zwanglose Hoheit der Stadtgöttin zu plastischer Einheit verschmolzen.

In der Tragödie, die mit Sophokles ihren Höhepunkt erreicht, spiegelt sich diese Epoche besonders eindrucksvoll, in der das klassische Maß und die sprengenden und zerstörenden Kräfte für eine kurze Zeitspanne ein selten erreichtes Gleichgewicht halten. Denn gerade Sophokles' Tragödien bleiben bei aller tragischen Bewußtheit, mit der maßlose Leidenschaft und Erschütterung, schuldlose Verstrickung, Hybris, Fall und Leid des Menschen dargestellt werden, doch eben deshalb dem menschlichen Maß und der Besinnung auf das verpflichtet, was hier als höchste Leistung des Menschen erscheint: ungebrochene Bejahung des Schicksals, Erhöhung selbst und gerade im Untergang.

Entsprechendes gilt für die durch Aristophanes zur Vollendung geführte Komödie, deren derbe Komik und politisch-satirischer

Witz indirekt die eigentlich erstrebte politische und menschliche Ordnung spiegeln. Dieses labile Gleichgewicht zeigt sich ebenfalls in den religiösen Äußerungen der Zeit: Die Frömmigkeit eines Sophokles steht neben dem aufklärerischen Skeptizismus eines Protagoras, für den bindende Aussagen über die Existenz oder Nichtexistenz der Götter nicht möglich sind.

Schließlich ist die prachtvolle Ausgestaltung des perikleischen Athen insgesamt ebenfalls Ausdruck dieses für ein Menschenalter zwar erreichten, aber angesichts einer sich abzeichnenden Krise gefährdeten Gleichgewichts. Denn die finanziellen Grundlagen dieser Bautätigkeit sind die Gelder, die viele Mitglieder des delisch-attischen Seebundes in die Bundeskasse zum Zweck der gemeinsamen Verteidigung gegen Persien zahlen und die unter einem Vorwand von Delos nach Athen geschafft worden sind. Seit Athen sich unter Themistokles' Führung mit Mauern umgeben hat – Zeichen der Überwindung einer aristokratischen Epoche, die den Kampf im offenen Feld forderte –, macht man innerhalb dieser Mauern zwar mit der radikalen Gleichheit ernst. Aber in verhängnisvoller Ergänzung hierzu entwickelt Athen außerhalb seiner Mauern einen erschreckenden Stil brutaler Unterwerfung, mit dem es jedes politische Eigenleben sogar verbündeter demokratischer Staaten erstickt. Der bis in die Gegenwart zu beobachtende Zusammenhang zwischen Demokratie beziehungsweise einem freien Gemeinwesen und Imperialismus wird hier zum ersten Male sichtbar.

Das attische Imperium, das solcherart auf Unterdrückung und auf einer den eigenen politischen Prinzipien widersprechenden Praxis beruht, bricht dann im Bruderkrieg mit Sparta bald nach Perikles' Tod zusammen. Die athenische Niederlage am Ende des Peloponnesischen Krieges ist jedoch nicht nur die Folge einer in sich brüchigen politischen Konzeption, die radikale Gleichheit im Inneren mit radikaler Unterdrückung in außenpolitischen Beziehungen nicht zu vereinen vermochte. Diese Niederlage ist in erster Linie Ergebnis der inzwischen voll ausgebrochenen inneren Krise der Stadt selbst. Nach Perikles' Tod bestimmen Demagogen vom

Schlage eines Kleon, der in bewußt ordinärer Betonung seines niedrigen Standes und gleichzeitiger maßloser Selbstüberschätzung verhängnisvolle Durchhalteparolen vertritt, die Entscheidungen einer politisch instinkt- und richtungslos gewordenen Volksversammlung. Anschaulichen Ausdruck findet diese Entwicklung in der schillernden Gestalt des Alkibiades und der von ihm angeführten sizilischen Expedition. Als Liebling der Athener vereinigt er in sich alle positiven, schwungvollen und idealischen Kräfte dieser Stadt mit der für Athen ebenfalls charakteristischen Neigung zu schrankenlosem Individualismus, brutalem Egoismus und skrupelloser Genußsucht. Die aus solchem Individualismus erwachsende Bindungslosigkeit führt Alkibiades schließlich zum Kampf gegen seine eigene Vaterstadt, deren Ende sich in der sizilischen Katastrophe ankündigt, und zu Zerstörung und gewaltsamem Ende seines eigenen Lebens. Der einzige Mensch, durch dessen persönliche und sittliche Autorität er sich beschämt und an seine Verpflichtung sich selbst und der *Polis* gegenüber gemahnt fühlte, Sokrates, wird 399 v. Chr. in Athen durch ungerechten Richterspruch zum Tode verurteilt, ein Symbol des geistig-moralischen Endes dieser Stadt.

Keiner der anderen griechischen Städte, weder Sparta noch Theben, gelingt es nach dem innergriechischen Bruderkrieg, eine dauerhafte Hegemonie oder Herrschaft in Griechenland zu errichten. Das panhellenische Bewußtsein löst sich langsam auf zugunsten einer egoistischen Machtpolitik der Einzelstaaten. Die Vielfalt der griechischen Sonderinteressen sprengt das Bewußtsein einer gemeinsamen Grundlage, das bisher diese zentrifugalen Kräfte weitgehend zu bändigen vermochte; aus dem innergriechischen *Agon* der verschiedenen *Poleis* wird ein selbstzerstörerischer Kampf.

So erscheint Alexander der Große als eigentlicher Erbe des Griechentums. In ihm vereinigen sich noch einmal die bedeutenden und fruchtbaren Kräfte, durch die Griechenland einst seine Blüte erlangt hat: Panhellenische Gedanken aufnehmend, bezeichnet er sich selbst als »Anführer Europas gegen Persien« und faßt auf solche Weise Griechen und Makedonen klug unter einem gemeinsamen Namen zusammen. In der bewußten Nachfolge des homerischen Helden Achill erobert er in kürzester Zeit das gesamte persische Riesenreich. Der siegreich beendete Rachefeldzug für den persischen Angriff einhundertfünfzig Jahre zuvor bedeutet dann aber nicht das Ende des Feldzuges. Alexander zieht weiter, getrieben von Neugier, Eroberungslust und einer in immer neue Fernen drängenden »Sehnsucht« (*Pothos*), um irgendwann das Ende der Welt zu finden. Diese Sehnsucht erscheint hier nicht nur als Drang, die bekannten geographischen Grenzen zu überschreiten, ähnlich wie es sich bei der griechischen Kolonisation zeigte. Sie wirkt – und hierin spiegelt sich die inzwischen vollzogene Ausbildung des Individuums – vor allem auch als ständiges Bestreben, im Sinne eines inneren *Agons* die eigenen Möglichkeiten auszuschöpfen, »im ruhelosen Wettstreit mit sich selbst« zu steigern, wie es Arrian angesichts der letzten Pläne Alexanders formuliert.[4]

Obwohl Alexander seinen Zug wegen Meuterei der erschöpften Soldaten abbricht und sein eigentliches Ziel nicht erreicht – freilich auch nicht erreichen kann –, wirkt er als »Verwandler« der damaligen Welt. Indem er alle Menschen Kinder eines Gottes nennt, bezeichnet er den Weg des Monotheismus, auf dem sich später die Verbreitung des Christentums vollziehen wird, der zweiten wesentlichen Kraft neben der griechisch-römischen Antike, die bei der Gestaltung Europas mitwirkt. Das von ihm in groben Umrissen bereits verwirklichte, alle ethnischen Begrenztheiten übergreifende »Weltreich« zerfällt zwar unmittelbar nach seinem Tod. Aber die verschiedenartigsten staatlichen Gebilde, die sich auf diesen Trümmern entwickeln, besitzen, bei aller politischen Vielfalt und räumlichen Entfernung, in Wirtschaft, Philosophie, Sprache, Kunst und Wissenschaft eine tragfähige, einheitliche Grundlage. Insofern ist diese Epoche, ganz im Sinne ihres Begründers, durch lebhaften, befruchtenden Ausgleich bestimmt. Hierbei gibt jedoch die kosmopolitisch ausgerichtete Form des Griechentums auf geistigem und kulturellem Gebiet die entscheidenden Impulse, wie auch der später eingeführte Name »Hellenismus« die griechisch geprägte Leitkultur dieses Zeitalters kennzeichnet. Alexanders Wunsch nach einer gleichwertigen Verbindung und Gemeinschaft von Asien und Europa hat sich insofern nicht erfüllt. Allerdings werden im Bereich der Herrschaftsausübung und -legitimation im kleinasiatischen Seleukidenreich und in Ägypten östliche Vorbilder und Einflüsse weiterentwickelt, die seit den Perserkriegen als »asiatisch« und »uneuropäisch« gelten: die Form des Gottkönigtums beispielsweise als unbegrenzte und unkontrollierte Alleinherrschaft über politisch rechtlose Untertanen. Daß diese von Alexander zweifellos weitgehend bejahte Herrschaftsform mit ihrer Einschränkung des politischen Lebens sich nicht weiter ausdehnt, daß vielmehr die Mittelmeerwelt und damit das spätere Europa kulturell überwiegend vom Griechentum und auch politisch von einem anderen Geist geprägt wird, ist die Folge der römischen Eroberung, dank derer seit dem zweiten vorchristlichen Jahrhundert der gesamte Mittelmeerraum zum Herrschaftsgebiet Roms gehört.

Dieser zur Blütezeit der griechischen Klassik noch völlig bedeutungslose Staat hat in verhältnismäßig kurzer Zeit den Schritt vom Stadtstaat zum Weltreich vollzogen und geht nun daran, dieses Weltreich in einer Weise zu beherrschen, zu organisieren und zu verwalten, daß römische Staatsform und römischer Staatsgedanke, römische Institutionen und römische Zivilisation selbst nach dem Zusammenbruch des *Imperium Romanum* bis heute auf Europa ausstrahlen und gestaltend wirken. Worin liegen die Gründe für diese erstaunliche Lebenskraft des römischen Staates?

Schon die Lage der Stadt hat deren Schicksal in manchem vorgezeichnet. Durch den Tiber wird sie mit dem offenen Meer, durch verkehrsgünstige Straßen mit dem Hinterland verbunden. Eroberungslust und Herrschaftsanspruch – zunächst bis an die natürlichen Grenzen Italiens, dann aber, über diese hinweg, auf den gesamten Mittelmeerraum und schließlich auch über diesen bis nach Nord- und Westeuropa hinausgreifend – sind sicher von vornherein auch geographisch bedingt. Aber hier äußert sich auch eine vor allem diesem Volk eigentümliche Mentalität: Nicht zufällig ist der sagenhafte Gründer der Stadt, Romulus, Sohn des Kriegsgottes. Er wird mit Wolfsmilch aufgezogen und erschlägt im Streit seinen Bruder Remus, als dieser rivalisierende Rechte bei der Gründung der Stadt anmeldet.

Über den historischen Anfängen Roms liegt weitgehend sagenhaftes Dunkel. Gewiß ist aber, daß die Stadt ihre Existenz und erste bauliche Befestigung den Etruskern verdankt. Erst mit dem Sturz der etruskischen Monarchie durch den sagenhaften Brutus – 510 v. Chr., zur selben Zeit also, als auch in Athen die *Tyrannis* beendet wird – tritt Rom in das helle Licht historischer Überlieferung. Gleichzeitig zeigen sich in der nun errichteten Republik grundlegende Züge römischer Staatlichkeit und römischen Lebens. Die Ablehnung der Alleinherrschaft ist von vornherein eine Grundkomponente des römischen Staates. Trotz aller Verdienste der etruskischen Könige um die Stadt ist jedes positive Andenken an die Monarchie verpönt; der Vorwurf, nach dem Königstitel zu streben, führt zum Beispiel noch fast 500 Jahre nach der Gründung der Republik zu Caesars Ermordung. Dieser Ablehnung der Alleinherrschaft entspricht die gesamte Praxis der Selbstverwaltung innerhalb der *res publica,* die nun nicht nur die Stadt mit ihren Tempeln und Mauern, sondern im Gegensatz zur *res privata,* der Königsherrschaft, die *res populi* als »Sache des Volkes« bezeichnet.

Diese *res publica* ist nun aber keineswegs mit der griechischen Demokratie vergleichbar. Die »Sache des Volkes« muß nicht vom Volk selbst geführt werden. Dies ist in Rom vielmehr Sache der adligen Familien, so daß man hier zutreffend von einer Adelsrepublik sprechen kann. Zwar gibt es auch in Rom eine Volksversammlung, und auch hier ist diese zunächst mit der Heeresversammlung identisch – eine auf indoeuropäische Grundlagen verweisende Einteilung der Bürger nach deren militärischer Leistungsfähigkeit, wie sie uns schon in Griechenland begegnete. Jedoch werden in der Zenturienordnung, die dem Heeresaufgebot entspricht, dem Adel und den Begüterten größere politische Rechte verliehen, da ihnen auch größere politische Pflichten zufallen. Es ist insbesondere der Abstimmungsmodus, der dieser Oberschicht die eigentliche Entscheidung im Staate sichert, in einem Maße, das zum Beispiel über die Solonische Ordnung weit hinausgeht. Die Volksversammlung erscheint praktisch nur als Akklamationsorgan für eine vom Senat gelenkte Politik, die ausgesprochen aristokratische Züge trägt.

Die Aufgabe, vor die sich diese Aristokratie nach dem Sturz des Königtums gestellt sieht, lautet: Wie läßt sich die unter den Königen bereits erreichte Wirksamkeit der staatlichen Gewalt bewahren und zugleich durch Kontrolle und Einschränkung vor Mißbrauch sichern? Der römische Adel hat diese Aufgabe in einer Weise gelöst, die bis heute Maßstäbe, Kriterien und Termini für staatliche Organisation, Innen- und Außenpolitik, Verwaltung, Rechtspflege und vieles mehr liefert. Das scheinbare Paradoxon – unumschränkte Machtfülle für die staatliche Spitze bei gleichzeitiger Beschränkung dieser Kompetenzen – wird innerhalb fast des gesamten römischen Ämterwesens mittels der Prinzipien der Kollegialität und Annuität gelöst. Dies wird besonders deutlich im höchsten republikanischen Amt, dem Konsulat. Jeder der beiden Konsuln hat für ein Jahr die in sich unteilbare Macht (*imperium*), kann diese aber nur dann sinnvoll handhaben, wenn er nicht befürchten muß, durch Einspruch des Kollegen gehindert zu werden. Ständige Absprachen und oft auch Kompromisse sind deshalb unter den Kollegen nötig. Ihre fast unbeschränkte Gewalt in Krieg und Frieden wird ferner dadurch begrenzt, daß während eines Feldzuges der Oberbefehl täglich wechselt. Hierin zeigt sich ganz konkret, wie geschickt die Notwendigkeit zu zentraler Entscheidung gerade in Notzeiten mit der Möglichkeit zur Kontrolle dieser Entscheidung verbunden wird. (Nur für den seltenen Fall einer ganz akuten und ungewöhnlichen Notlage bedeutet das Amt des Diktators, ohne Kollegialität und Annuität, eine in der Verfassung vorgesehene Notstandsregelung.)

Annuität und Kollegialität gelten auch für die übrigen Ämter, die nach dem Prinzip einer Ämterlaufbahn geordnet sind; das höhere Amt setzt jeweils die Bekleidung des vorangehenden voraus. In dieser Regelung zeigt sich das konservative römische Staatsdenken, das alles Neue, Unbewährte zunächst einmal kritisch und skeptisch betrachtet. Die Bezeichnung *homo novus* für einen nicht aus den Kreisen der Nobilität stammenden Politiker enthält in deutlichem Gegensatz zum modernen Begriff des *selfmade man* Reserve, Unbehagen, teilweise sogar Ablehnung gegenüber dem Neuling.

Diese konservative Grundhaltung hat sich vor allem im Bereich der innerstaatlichen Auseinandersetzungen, zum Beispiel in den Ständekämpfen, als besondere politische Begabung der Römer bewährt: Während später in Europa solche Spannungen nur zu häufig in gewaltsamer, oft revolutionärer Form ausgetragen werden, bietet Rom das später vielleicht höchstens von England erreichte Beispiel eines erfolgreichen Ausgleichs der widerstreitenden Gruppen. Die führenden Familien finden sich bereit, ihren Kreis zu erweitern und politische Rechte auch auf neue Gruppen zu übertragen. Aber durch den Aufstieg der wenigen reichen, plebejischen Familien verändern sich das Selbstverständnis und der politische Stil der Führungsschicht nicht. Die durch das Herkommen bestimmte altrömische Lebensform beweist ihre Kraft, indem sie sich einerseits berechtigten Forderungen öffnet, dann aber die so gewonnenen neuen Regelungen organisch dem bisherigen Rahmen einfügt.

Die ganze Welt des durch Tradition geprägten Lebensgefühls der Römer hat sich in dem Begriff *mos maiorum* (Vätersitte) kristallisiert. Diese Vätersitte wirkt als Maßstab und Norm des öffentlichen und privaten Lebens. Schon im Privatleben gilt ein Ideal, das völlig von den bäuerlichen Anfängen dieses Volkes lebt. Halb spöttisch belächelt, halb ehrfürchtig bestaunt als »wahrer Römer« lebt noch der alte Cato inmitten von üppigstem Luxus, der inzwischen während des zweiten vorchristlichen Jahrhunderts in Rom eingedrungen ist, nach der Vätersitte: Zweckmäßige Einfachheit und Sparsamkeit, schlichte Nüchternheit und fast an Geiz grenzende Kargheit bestimmen die tägliche Lebensführung, Kleidung und Tafel, das Verhältnis zur Gattin und die Erziehung der Söhne sowie alle sonstige, ausschließlich dem Landleben und der Politik gewidmete Tätigkeit.

Am eindrucksvollsten spricht das römische Bewußtsein einer Geschlechterkette, die die Lebenden mit den Toten verbindet, aus dem feierlichen Begräbniszug, den die vornehmen Familien zu Ehren des Verstorbenen veranstalten. Da schreiten die Ahnen scheinbar leibhaftig im Leichenzug mit – Schauspieler tragen die täuschend ähnlichen Wachsmasken der toten Ahnen, in deren Reihe der Verstorbene nun aufgenommen wird. Diese Masken hängen, wenn sie nicht in einem solchen Zug mitgeführt werden, an den Wänden des römischen Hauses und bedeuten so die stete Gegenwart der Ahnen auch im täglichen Leben. Obwohl die künstlerische Begabung der Römer sonst wenig entwickelt ist – ihre baulichen Fähigkeiten gelten vor allem reinen Zweckbauten wie Straßen, Wasserleitungen, Brücken, Bögen, Gewölben, öffentlichen Gebäuden usw. –, erklärt die Praxis der Ahnenprozession sicher unter anderem, warum die römische Porträtkunst schon früh dank ihrer unbestechlichen Genauigkeit zu bedeutenden Leistungen führt, die sowohl das unverwechselbare Individuum als auch das Typische eines römischen Republikaners festhalten. Insofern dient das römische Porträt weniger einem ästhetischen Ideal als einem sittlich politischen Zweck.

Nicht nur im Bereich der Familie, sondern auch und vor allem im öffentlichen Leben wirkt die Vätersitte als entscheidende Kraft. Am wirksamsten hat sie das Rechtswesen gestaltet. Seit die Zwölf Tafeln (451 v. Chr.) das Gewohnheitsrecht erstmals kodifizieren und damit zum Gesetz erheben, entwickelt sich das Rechtswesen in der Achtung, Bewahrung und vorsichtigen Erweiterung des von den Vorgängern und Vorfahren bereits praktizierten Rechts. Wenn schließlich Justinian im 6. nachchristlichen Jahrhundert alle vorhandenen Zeugnisse des römischen Rechts sammelt und mit dem so entstandenen *Corpus Iuris* die Grundlage aller modernen europäischen Gesetzgebung schafft, so bleibt er damit ganz in der römischen Tradition. In den Gesetzbüchern Europas sind dank des *Corpus Iuris* bis in unser Jahrhundert juristisches Denken, juristische Technik und Methode, juristische Begrifflichkeit und Bildung vom römischen Recht geprägt, das so zu einem Kulturelement Europas geworden ist.

Die römischen Rechtsgrundsätze enthalten zunächst manche Schärfe, Härte, oft sogar Starrheit. Mißbrauch und Erstarrung solcher Rechtssätze werden aber ebensosehr durch die stetige Auslegung der Juristen verhindert wie durch die gleichzeitig in Rom entwickelte Überzeugung, daß Billigkeit und Einsicht schon das Rechte veranlassen werden. Der römische Hausvater, der das Recht über Leben und Tod seiner Familie besitzt, wird dieses gerade deshalb nicht mißbrauchen. Der Satz, daß die radikale Gesetzestreue unter Umständen die höchste Ungerechtigkeit bedeuten kann (*summum jus summa injuria*), führt deshalb zu der juristischen Differenzierung von Gnade und Billigkeit, die die scharfe Präzision des römischen Rechts durch ausgleichende, individualisierende Humanität ergänzt. Vor allem wird die Härte des römischen Rechts wiederum gemildert durch die Sitte als einer freiwilligen Beschränkung, der sich der römische Bürger unterwirft. Obwohl zum Beispiel der Ehemann das Recht besitzt, seine Gattin jederzeit zu töten, genießt die römische Frau eine durch Sitte und Tradition gesicherte hohe Achtung. Das eigentümliche Amt der Zensur, das Sittenrichteramt, ist deshalb nur in Rom möglich und hier eines der angesehensten. Ein vom Zensor gerügter Verstoß gegen die Sitte führt unmittelbar zur Minderung der politischen Rechte bis zu deren gänzlichem Verlust.

Die Vätersitte fordert die bewußte Pflege einer Reihe von Tugenden, in denen sich Ahnenstolz und individuelles Selbstbewußtsein in bezeichnender Weise mischen. Der Begriff »Tugend« wird deshalb dem besonderen Gehalt der römischen *virtus* kaum gerecht. *Virtus* meint, über den im Deutschen vorwiegend ethischen Sinn weit hinausgehend, etwa soviel wie Mannhaftigkeit, Leistungsfähigkeit und -bereitschaft, Kraft. Solche »Tugenden« sind zum Beispiel kriegerische Tapferkeit, (Selbst-)Disziplin, Stetigkeit und Festigkeit, bäuerliche Verbundenheit mit Grund und Boden und entsprechend einfache Lebensweise, Treue im Sinn der verläßlichen Bindung an einmal eingegangene Verpflichtungen und deren anständige Erfüllung, vor allem aber Frömmigkeit als gehorsame Bindung an den Willen der Götter. Gerade in dieser Vorstellung der *pietas* wird römisches Selbstverständnis deutlich: Während in Griechenland der Drang, die dem Menschen gesetzten Grenzen zu überschreiten und sich unter Mißachtung der Götter zu »überheben«, als Hybris die größte und eigentliche Gefahr des Menschen bedeutet, kennzeichnet man in Rom solche mangelnde Achtung der menschlichen und göttlichen Ordnung als »Nachlässigkeit« (*neglegentia*) – ein Verhalten, hinter dem nicht ein existentielles Problem, die Frage nach dem Wesen des Menschen sichtbar wird, sondern das lediglich ein unkorrektes Verfahren innerhalb der staatlich-kultischen Ordnung meint.

Die Beziehung zur Götterwelt ist im übrigen, dem pragmatischen Lebensstil der Römer entsprechend, zwar überall lebendig, aber ohne jene Phantasie und mythische Leuchtkraft, die der griechischen Götterwelt eigentümlich sind. Wenn in Griechenland kultische Feste, Spiele und Wettkämpfe zu Ehren der Götter abgehalten werden und damit auch die Menschenwelt erhöhen, gilt für Rom der nüchterne Satz des *do ut des*, nach dem menschlicher Dienst und göttliche Leistung genau kalkuliert und gegeneinander abgewogen werden. Die zahlreichen staatlichen Priesterschaften, die den Willen der Götter aus allen möglichen Zeichen ergründen sollen, sind unter dieser Voraussetzung weniger Zeuge für die Frömmigkeit als für den berechnenden Pragmatismus der Römer: Religion gilt vor allem als Mittel zur rechten Staatsregierung, die Götter sollen bei der Erreichung konkreter Zwecke helfen.

Wichtiger als die Beziehung zu leibhaftig vorgestellten göttlichen Wesen ist für den Römer eine Reihe von Begriffen geworden, die weniger ein erstrebenswertes Ideal als den Maßstab für den täglichen Dienst am Staat bedeuten. In engem Zusammenhang stehen hier vor allem die drei Begriffe Ruhm, Freiheit, Autorität.

Mit der Hochschätzung des *mos maiorum* hängt zunächst der römische Ehr- und Ruhmbegriff zusammen. In Griechenland sucht der leidenschaftliche Wunsch nach Ruhm vor allem die persönliche Auszeichnung vor den anderen, um im *Agon* die individuellen Möglichkeiten zu erproben und zu steigern und so das ästhetisch-ethische Ideal des »Schön- und Gutseins« (*Kalokagathia*) zu verwirklichen. In Rom dagegen erfüllt sich *Gloria* zunächst als Dienst an der Republik. Der Einsatz für den Staat führt aber auch zu erhöhter, ehrender Anerkennung durch die Mitbürger. Als Folge solchen Ruhms ist »Ehre« (*honor*) deshalb auch die Bezeichnung für »Amt«. Ansehen und Würde des einzelnen gelten somit stets als Verpflichtung und im Bezug auf das staatlich-gesellschaftliche Leben. Ehre ist aber für den Römer nicht nur durch Leistung im Dienst am Staat zu erwerben. Im Sinne des *mos maiorum* steht er immer in einer Traditionskette, die bereits durch die ruhmvollen Taten der Ahnen angelegt wurde. Diese erhöhen den Nachkommen, als seien es seine eigenen. Durch persönliche Leistung vermehrt er seinerseits den Ruhm seiner Nachfahren. Auch hier tritt im Gegensatz zu der individuellen griechischen Ruhmbegierde die überindividuelle Verpflichtung des römischen Ruhmbegriffs hervor.

Im Idealfall befinden sich in Rom – wiederum im Gegensatz zu Athen – Freiheit (*libertas*) und Bindung durch Autorität (*auctoritas*) im Gleichgewicht. Freiheit gilt hier nicht als Selbstzweck, als Bindungslosigkeit oder als Ergänzung zur Forderung nach Gleichheit aller Bürger. Der römische Bürger weiß sich durch die Tradition mit Vergangenheit und Zukunft verknüpft. Auch als sich gegen Ende der römischen Republik manche Normen des politischen und gesellschaftlichen Lebens auflösen, gilt selbst hier noch der Grundsatz, daß echte Freiheit Ordnung voraussetzt und deren freiwillige Anerkennung verlangt und daß schließlich solche Ordnung vor allem durch Autorität gesichert werden kann. Als Autorität achtet man die durch Persönlichkeit und Leistung gewonnene, die anderen überzeugende Überlegenheit, da Erfahrung, Aktivität und Initiative, deren jede funktionsfähige Regierung bedarf, sich nicht aus dem Gleichheitsprinzip entwickeln. Diese Auffassung zeigt sich anschaulich zum Beispiel in der freiwilligen Anerkennung der Autorität einer führenden Schicht oder Persönlichkeit, wie sie im Abstimmungsmodus des Senats deutlich wird: Unter den prinzipiell gleichen Angehörigen dieser Aristokratie besteht eine bestimmte Rangordnung, nach der Wortmeldungen nur entsprechend dem vorher bekleideten Amt erfolgen.

Die Verwurzelung in einer solchen Lebensordnung gibt Rom Kraft und innere Sicherheit für die langwierigen und gefahrvollen Auseinandersetzungen mit den anderen Staaten und Völkerschaften des Mittelmeerraumes. Der Stolz auf den Ruhm der Ahnen und das Bewußtsein, im Einklang mit den Göttern und mit den völkerrechtlichen Grundregeln der damaligen Welt zu handeln, lassen es selbst angesichts existenzbedrohender Verluste und verzweifelter Situationen nicht im Stich und rechtfertigen in römischen Augen auch die Besitzergreifung und Herrschaft in fremdem Land. Im Ringen mit den mannigfachen Gegnern tritt neben den Selbstbehauptungswillen als elementaren Antrieb der Machtausdehnung und -sicherung auch eine Art Sendungsbewußtsein, wenn Rom zum Beispiel die Freiheit der griechischen *Poleis* von makedonischer Königsherrschaft zum Ziel des Kampfes gegen den hellenistischen Herrscher Philipp V. erklärt oder wenn in der mit kriegerischen Mitteln erreichten *Pax Romana* nicht nur der Triumph römischer Waffen, sondern auch die kulturfördernde Befriedung ganzer Regionen des Mittelländischen Meeres gesehen wird. Bevor Revolution, Bürgerkrieg und Cäsarenwahn zu einer Entartung römischer Lebens- und Herrschaftsformen führen, ist der Stolz berechtigt, mit dem der römische Republikaner Freund und Feind den Satz entgegenhält: *Civis Romanus sum.* Am Ende dieser Entwicklung ist aus dem römischen Stadtbürgertum ein Weltbürgertum geworden. Aber indem 212 n. Chr. das römische Bürgerrecht unterschiedslos an alle Reichsangehörigen verliehen wird, verliert der alte Satz *Civis Romanus sum* seinen Sinn; das Gleichheitsprinzip kehrt ihn sogar um: das römische Bürgerrecht dient nun als Deckmantel für die völlige Rechtlosigkeit der Untertanen unter dem absoluten Alleinherrscher.

Allerdings hat der römische Imperialismus die alte Welt zum ersten Mal Schritt für Schritt zu einer großen Einheit zusammengefaßt und durch römische Sprache und römische Zivilisation, Rechts- und Staatsordnung romanisiert. Obwohl Rom lange Zeit der geistige, politische und geographische Mittelpunkt des Reiches ist, stellt sich diese Einheit, da die jeweiligen Besonderheiten der Unterworfenen in vielfältiger Form erhalten und geachtet bleiben, fern jedem Zentralismus als Einheit in der Vielfalt dar.

Das schrittweise Ausgreifen auf der italienischen Halbinsel, dann die Überschreitung der natürlichen Grenzen durch den Flottenbau und den Kampf mit Karthago, die Eroberung des westlichen und dann des östlichen Mittelmeeres und seiner umliegenden Staaten vollziehen sich zunächst nach folgenden Grundsätzen: Rom verzichtet darauf, die Besiegten zu vernichten, weil es in dem Gegner von heute den politischen Partner von morgen sieht. Den unterworfenen Stämmen und Völkern werden hierbei innere Ordnung und Selbstverwaltung belassen. Sie werden aber, ohne eigene Souveränität, auf unterschiedlichste Weise an Rom gebunden. Sicher hat dabei die später erfundene Maxime des *divide et impera!* als politische Überlegung auch eine Rolle gespielt. Dieses Vorgehen entspricht aber auch dem aristokratischen Stil des römischen Stadtstaates, dem eine direkte Herrschaft über das erweiterte Gebiet zuwiderlaufen würde. Rom verleiht im übrigen abgestufte (Bürger-)Rechte, die bei entsprechendem Wohlverhalten und Einsatz der Unterworfenen diesen die Aussicht eröffnen, stufenweise das volle römische Bürgerrecht zu erlangen.

Nicht nur Treue und die Chance, größere Vorteile zu gewinnen, bestimmen aber das Verhältnis der Bündner zu Rom. Militärische Besatzung und römische Bürgergemeinden werden im eroberten Land als Stützpunkte errichtet und dienen der Garantie und Kontrolle dieses Bündnissystems. Dieser klugen Regelung verdankt es Rom, daß es in der schweren Krise des Zweiten Punischen Krieges, als alles verloren erscheint und der siegreiche Hannibal schon vor den Toren Roms steht, von seinen Bündnern nicht verlassen wird. Auf dieser Grundlage und durch Ausdauer und unerschütterliche Zähigkeit kann es dann sogar schließlich den Sieg über Karthago erringen. Dieser Sieg Scipios über Hannibal im Jahr 202 bei Zama ist dem Sieg der Griechen über die Perser in manchem vergleichbar: Auch hier fällt eine Entscheidung zugunsten des abendländischen Europa.

Aber mit der Einrichtung von Provinzen verfolgt Rom dann ein ganz neues Prinzip, das in manchem schon auf das Ende der alten Republik deutet. Rom erscheint hier als Herrin, die absoluten Gehorsam fordert. Ein römischer Statthalter führt die Oberaufsicht über die Verwaltung des Landes; den Untertanen werden eigene Staatlichkeit oder irgendwelche Rechte nicht zugestanden. Während Rom von den Bündnern Heeresfolge verlangt, sind die Provinzialen zu rein materiellen Leistungen, zu regelmäßigen Steuerzahlungen verpflichtet.

Bis zur Mitte des zweiten vorchristlichen Jahrhunderts hat Rom auf solche Weise seine Herrschaft über die Mittelmeerwelt und die Diadochenreiche ausgedehnt. Diese Entwicklung bleibt nicht ohne Folgen für die innere Ordnung der Republik. Mit den neuen Organisationsformen, die für die Sicherung und Verwaltung des Riesenreiches erforderlich werden, und in der Begegnung mit verschiedenartigsten, fremden Lebensformen, wandeln sich nun das Selbstverständnis und die Haltung der Nobilität, die bisher immer noch vom Ideal des bäuerlich lebenden Großgrundbesitzers geprägt waren.

Die fruchtbarsten Anregungen empfängt Rom von Griechenland. Nach Cicero[5] besteht der Unterschied zwischen Griechen und

Römern darin, daß Griechenland vor allem Leistungen auf den Gebieten von Wissenschaft und Kunst, Rom im Bereich des Staatlichen erbracht habe. Nun vollzieht sich in der Begegnung mit dem besiegten Griechenland eine Hellenisierung Roms. Trotz seines vergleichsweise nüchternen und zweckgerichteten Denkens beweist Rom hier seine spezifische Begabung zur Assimilierung von Neuem im Rahmen des Vorgegebenen. Die Beherrschung der griechischen Sprache, die Kenntnis griechischer Kultur gelten nun als selbstverständlich innerhalb der römischen Oberschicht, die damit zum Vermittler und Bewahrer der griechischen Kultur für Europa wird. Viele griechische Plastiken sind heute zum Beispiel nur über römische Kopien bekannt. Aber die Römer beweisen in manchen Punkten auch eine über die reine Kopie hinausgehende Kraft zur echten Synthese. Der römische Humanismus, der im Scipionenkreise gepflegt wird, vereinigt römisches Staatsdenken und griechische Ethik in charakteristischer Weise: Die griechische Kultur erscheint als vorbildliche Form der Lebensgestaltung, die vor allem Würde und Wert des menschlichen Individuums achtet und damit zu einem Personenkult führt, der das große Individuum in einer geradezu unrömischen Form feiert. Nicht zufällig aber findet nun gerade die Stoa hierbei in Rom besonderen Anklang. Die unpathetische, nüchtern-gelassene Einstellung gegenüber allen unerwarteten Gefahren, vor allem aber die stoische Vorstellung des Lebens als einer Pflicht, die den einzelnen im Dienst eines Höheren diszipliniert »auf seinem Posten« stehen heißt wie den Soldaten im Feld, die Verbindung von Dienstethos und kriegerischer Bereitschaft – alles dies kommt der römischen Mentalität besonders entgegen. Die Achtung vor dem menschlichen Individuum, die im Scipionenkreis gepflegt wird, fördert zugleich die Pflege der *humanitas*, der Humanität nicht im modernen, christlich-sozialen Sinn, sondern als einer vornehmlich am griechischen Menschenbild ausgerichteten »Menschlichkeit«.

Diese von den Scipionen ausgehende humanistische Bewegung hat dann noch spätere Denker, Politiker und Dichter wie Cicero, Horaz, Vergil, Seneca und Mark Aurel beeinflußt. Von ihnen wird, gewissermaßen als Antwort auf die inzwischen vollzogene Organisation der Weltherrschaft, vor allem auch der Gedanke des Kosmopolitismus und der Respekt vor jedem Menschen, auch dem Nichtbürger und Sklaven, vertreten.

In der Beschäftigung mit der griechischen Kultur findet und steigert sich die römische Oberschicht zu klarerer Bewußtheit und Schärfe der Selbstreflexion. Gerade diese Eigenschaft aber erschüttert die altrömische Traditionsgebundenheit und unreflektierte Selbstsicherheit. Der alte Cato, der konsequente Vertreter altrömischer Sitte, spürt nicht zufällig in der Hellenisierung Roms eine tiefe Gefahr. Daß trotzdem auch er im Alter noch Griechisch lernt, zeigt die Unaufhaltsamkeit des Prozesses und dessen positive kulturelle Auswirkungen. Gleichzeitig aber ist die Zerstörung Karthagos, die vor allem auf Cato zurückgeht, Zeichen einer inzwischen gewandelten Weltreichspolitik, vor deren negativen und gefährlichen Folgen gerade er gewarnt hat. Das Jahr 146 v. Chr. markiert insofern eine grundsätzliche Neuorientierung der römischen Außenpolitik. In diesem einen Jahr werden in einem völlig neuen Stil brutaler Vernichtung in Griechenland Korinth zerstört, in Spanien große Teile der Bevölkerung ausgerottet und Karthago dem Erdboden gleichgemacht. Beim Anblick des brennenden Karthago weint der siegreiche Feldherr Scipio, und indem er griechische Verse zitiert, die das Ende Trojas prophezeien, sieht er ahnungsvoll das Schicksal seiner eigenen Vaterstadt voraus. Die Szene erscheint wie ein Symbol für das Doppelgesicht der römischen Weltherrschaft. Einerseits weitet sich durch griechische Vorbilder der Sinn für Menschlichkeit und Kultur, andererseits sucht man das Weltreich mit Formen der Machtausübung zu sichern, die dem ursprünglich republikanischen und dann auch humanitären Prinzip der Schonung des Gegners genau widersprechen. Die tragische Einsicht Scipios besteht darin, daß gerade diese Formen der Machtbehauptung den Untergang Roms vorbereiten.

Die politischen, sozialen und wirtschaftlichen Auswirkungen der Weltherrschaft führen wenig später zum Ausbruch der Krise.

Das nun beginnende Jahrhundert der Revolutionen und Bürgerkriege, das erst unter dem Prinzipat des Augustus in der *Pax Augusta* endet, wird durch die Frage bestimmt, wie die alte republikanische Ordnung mit den außenpolitischen Erfordernissen eines Weltreiches und den innenpolitischen Gefahren einer auseinanderbrechenden Aristokratie sowie dem Aufstieg machthungriger Individuen fertig wird. Die neuen Aufgaben nutzend, die die Sicherung des Reiches fordert, entwickelt der einzelne, der häufig gegen die Normen der alten Aristokratie persönliche Macht im Staat beziehungsweise über den Staat erstrebt, ein neues Selbstverständnis. Da die alte Fähigkeit der Oberschicht zur Assimilierung neuer Tendenzen und damit zur Entschärfung von Gefahren – mit wenigen Ausnahmen – einer Mischung von reaktionärer Starrheit, selbstsüchtigem Previlegienbewußtsein und Korruption gewichen ist, bricht die Homogenität der Aristokratie und damit die ursprüngliche Einheit zwischen Individuum und Staat auseinander. Gruppen, Parteiungen wie *Optimaten* und *Popularen* trennen die Oberschicht in sich, deren bedeutendste Vertreter sich an der Spitze jeweils einer Partei befehden.

Das Volkstribunat ist unter den Gracchen das Kampfinstrument. Hierbei geht es zunächst um die Notwendigkeit einer Bodenreform und eines gesunden, freien Bauernstandes. Nach den langen Kriegen ist das Land so verwüstet, daß viele der nach Jahren heimkommenden Kleinbauern nicht mehr wirtschaftlich arbeiten können. Völlig verschuldet verkaufen sie meist ihr Land an die adligen Großgrundbesitzer, deren ungleich gewinnbringendere Arbeitsmethoden, auf *Latifundien* und mit Sklaven, zum weiteren Ruin der mittleren und kleinen Bauern führen. Ohne eigenen Besitz außer dem des Bürgerrechts und vieler Kinder bleibt diesen Proletariern oft nur eine armselige Existenz in Rom, wo sie bald zum Mob herabsinken, ihr Stimmrecht verkaufen und so eine explosive Masse von bestechlichen Unzufriedenen in der Hauptstadt bilden. Ebenso problematisch erscheint der Umstand, daß nun auch die Grundlage des bisherigen Wehrsystems zerstört wird.

Nach dem Scheitern der Gracchen löst Marius die offengebliebene Frage des Wehrsystems auf eine Weise, die ebenfalls die Auflösung der republikanischen Staatsgesinnung fördert, wenn nicht gar voraussetzt. Das bisherige Milizheer, in dem sich jeder Bürger selbst ausrüstete, wird zielbewußt durch ein Berufsheer ersetzt. Hier können nun auch die ärmsten Proletarier dienen. Der Staat stellt die notwendige Ausrüstung, der Feldherr sorgt für Beute, und nach dem Ende der Dienstzeit verspricht er die Versorgung durch ein Stück Land. So wird das von Marius geschaffene Heer auf Gedeih und Verderb an seinen Feldherrn gebunden. Ohne Rücksicht auf gesamtstaatliche Interessen, die für den Milizsoldaten, der nur zeitweise das Bauernleben mit dem Lagerleben vertauschte, selbstverständlich war, sind diese Söldner notfalls auch bereit, mit ihrem Feldherrn gegen Rom zu marschieren.

Der elementar angreifenden Kraft und dem zielstrebigen Willen Caesars ist die alte Senatsaristokratie mit ihrer Fähigkeit zu verteidigendem Beharren nicht gewachsen.

Von Anfang an hat Caesar als Vorkämpfer der *Popularen* bewußt nach der Gunst der stadtrömischen Masse gestrebt und während seiner Abwesenheit von Rom seine Interessen durch ihm persönlich ergebene Volkstribunen demagogisch verfechten lassen. Die durch Marius eingeleitete Entwicklung zu einer immer engeren Bindung des Heeres an seinen Feldherrn erfährt durch Caesars Feldherrnkunst und persönliche Ausstrahlungskraft einen Höhepunkt. Mit diesem ihm seit der Eroberung Galliens bedingungslos ergebenen Heer ist der Marsch über den Rubikon auf Rom möglich, vor dem die alte Führungsschicht widerstandslos die Flucht ergreift. Caesars »neue Art zu siegen«, seine ungewöhnliche Großzügigkeit und Milde, sucht die Gegner durch Schonung und Verzicht auf Rache zum freiwilligen Übertritt zu bewegen; insofern wählt Caesar ein neues Fundament der Herrschaft. Caesars Milde entspringt nicht nur politisch-taktischem Kalkül, sie erscheint als besonderes Wesensmerkmal, in dem sich Humanität und Großmut, aber auch Anzeichen einer menschenverachtenden

Überlegenheit vereinen. Dieser Charakterzug Caesars, nicht eben verwunderlich angesichts seiner Gegner, verbindet sich auf provozierende Weise mit seiner Mißachtung der Verfassung. Er bekleidet wiederholt und teilweise gleichzeitig die höchsten Ämter, läßt sich schließlich zum Diktator auf Lebenszeit ernennen und zeigt auch in kleinen Gesten, die den Senat demütigen und verletzen, die Haltung eines unumschränkten Alleinherrschers, für den die Republik »nur noch ein leerer Name« ist.[6] Was er an deren Stelle hätte treten lassen, wenn er mehr Zeit gehabt hätte, läßt sich nach der Fülle der eingeleiteten Maßnahmen mit einiger Gewißheit vermuten: ein in der Person des Herrschers einheitlich und zentral gelenktes Weltreich, in dem die Stadt Rom wohl nicht einmal mehr geographisch Kern und Mitte geblieben wäre. Mit der Eroberung Galliens, dem ersten römischen Vorstoß ins Innere des europäischen Kontinents, beginnt die auf Caesar zurückgehende Romanisierung West- und Mitteleuropas.

Bezeichnenderweise hat die stadtrömische Opposition diese außenpolitischen Aspekte kaum begriffen. An den Iden des März 44 v. Chr. glauben die Verschwörer, mit ihren Dolchen den Verräter an der Republik, den Verächter des Senats und vor allem den Mann zu treffen, der angeblich nach dem verhaßten Königsdiadem trachtete. In Anspielung auf den Sturz der etruskischen Könige durch den ersten Brutus wird der Caesar besonders nahestehende junge Brutus von vielen Römern als Haupt der Verschwörung angesehen. Als Caesar von Brutus' Dolch getroffen wird, verhüllt er sich und wehrt sich gegen die folgenden tödlichen Stiche nicht mehr. Sein Tod jedoch führt nicht zur erhofften Wiederbelebung der Republik, sondern leitet unter den Geburtswehen erneuter Bürgerkriege das Kaisertum ein.

Das politische Gespür und die demagogische Raffinesse von Caesars Erben Octavian zeigen sich zunächst darin, daß er, der eben noch die Vertreter der Republik als Rächer Caesars herausgefordert hat, dem Rivalen und zweiten Rächer Caesars, Antonius, kurz darauf als Verteidiger der Republik gegen dessen »orientalische« Selbstdarstellung entgegentritt. Während aber seinerzeit der römische Sieg über Karthago eine dem griechischen Sieg bei Marathon vergleichbare Entscheidung für Europa gegen Asien bedeutete, ist nun der Kampf Octavians gegen Antonius weniger ein »Kampf des Westens gegen den Osten«, wie er behauptet, sondern ein ausgeweiteter römischer Bürgerkrieg. Allerdings hat Octavians Sieg bei Actium entscheidend dazu beigetragen, daß nicht das hellenistisch geprägte, sondern das republikanisch geprägte Römertum das Werden Europas bestimmt. Wenn man davon ausgeht, daß sich schon im Mythos der von Asien nach Kreta entführten Europa eine Bewegung von Osten nach Westen spiegelt, so zeigt sich hier, nach der Ablösung der griechisch bestimmten Mittelmeerwelt durch die römische, erneut eine Verlagerung nach Westen innerhalb der römischen Welt, derzufolge nun langsam der Begriff Abendland neben die Bezeichnung Europa tritt.

Als Octavian im Jahre 27 v. Chr. seine außerordentlichen Gewalten zurückgibt und so offiziell die Republik wiederherstellt, bedeutet dieser Akt der freiwilligen Selbstbeschränkung die publikumswirksame Szene auf einer Bühne, hinter deren Kulissen die Entscheidung längst in anderem Sinne gefallen ist. Auch für den Prinzipat unter Augustus, dem »Erhabenen«, gilt sinngemäß das Wort, das Thukydides für das Perikleische Athen wählte: Es ist »der Form nach eine Republik, in Wahrheit aber die Herrschaft des ersten Mannes«. Hierbei vereinigt Augustus auf überlegene und gleichzeitig vorsichtige Weise altrömische Elemente mit denen einer gewandelten staatlichen und politischen Wirklichkeit, wie es sich vor allem im Begriff *auctoritas* spiegelt, der für den *Prinzipat* von entscheidender Bedeutung ist. Dank seiner durch Leistung und Persönlichkeit wirksamen Autorität gelingt es Augustus, die verschiedensten gesellschaftlichen Gruppen anzusprechen und zu überzeugen. Seine faktische Macht wird vor allem außerhalb Italiens deutlich und beruht auf dem Oberbefehl über das Heer, der weitgehenden Verfügungsgewalt über die Finanzen, einem gewaltigen Privatvermögen und dem immer sorgfältiger ausgebauten

Beamtenapparat der kaiserlichen Verwaltung. Offiziell dagegen fügt er sich in Rom den republikanischen Formen ein und ist nur dank seiner Autorität Senat und Magistraten überlegen. Praktisch ermöglicht ihm jedoch auch hier die Kumulation von Amtsgewalten, vor allem die tribunizische Gewalt, jederzeit die gewünschten Maßnahmen selbst einzuleiten.

Bei der Betrachtung der vielschichtigen Leistung dieses Mannes zeigt sich immer wieder ein Janusgesicht: in der Zeit vor der Herrschaftssicherung bis 27 v. Chr. skrupellose, blutige Vernichtung der Gegner und kalte Ausnutzung der Macht des Führers (*dux*); nach 27 v. Chr. die vorsichtige, rücksichtsvolle Einordnung der Macht in ein vorhandenes Ordnungssystem – im Gegensatz zur faktischen Diktatur Octavians der *Prinzipat* des ersten Bürgers Augustus.

Beide Formen der Selbstdarstellung und Ausübung von Herrschaft sind nicht nur im römischen Kaiserreich von Persönlichkeiten wie Nero, Domitian und Caracalla einerseits und Trajan, Hadrian und Mark Aurel andererseits, sondern auch später in Europa nachgeahmt und weiterentwickelt worden. Bis in die Neuzeit stehen Formen der Diktatur und des Despotismus, in denen der Herrscher an der Spitze des Staates keiner Bindung oder Kontrolle unterliegt (beispielsweise die Militärdiktatur Cromwells, das Terrorsystem der Jakobiner, die totalitären Diktaturen Hitlers und Mussolinis), neben Formen der aufgeklärten oder konstitutionellen Monarchie, in denen der Herrscher sich als »erster Diener des Staates« einer wie auch immer gearteten Ordnung einfügt (zum Beispiel Preußen).

Zur Zeit des Augustus erscheint als Bindeglied zwischen beiden Phasen die *Pax Augusta*. Schon kritische antike Betrachter haben festgestellt, daß dieses neue »Goldene Zeitalter des Friedens« die Freiheit ausschließt, dasjenige Element, das bisher die Lebenskraft der Republik ausmachte. Zwar wird der endlich gewonnene Frieden nach dem Jahrhundert der Revolutionen und Bürgerkriege so dankbar begrüßt, daß man den Verlust der Freiheit hierfür in Kauf nimmt. Aber schon dem Geschichtsschreiber Tacitus erscheint dieser Friede eher als Kirchhofsruhe. Tatsächlich erlebt das Reich unter den Kaisern politisch seine größte Ausdehnung und verwaltungstechnisch seine beste Organisation. Aber das politische Denken und das geistig-kulturelle Leben bewegen sich weitgehend in überkommenen und formalen Gleisen und werden auch in der Kaiserzeit vielfach durch die Erinnerung an die Republik bestimmt.

Lediglich im Bereich der Philosophie spricht an manchen Stellen ein neuer Geist. Die *Stoa* führt zu einem gewandelten Selbstverständnis in den senatorischen Kreisen, wonach zum Beispiel gesellschaftliche Unterschiede nicht von der Natur, sondern – gegen die Forderung der Vernunft – von Menschen geschaffen werden. Die von Gott gegebene Vernunft, das eigentliche Kennzeichen des Menschen, eignet auch dem Sklaven, und Menschsein heißt demnach Selbstverwirklichung der dem Gott gehorchenden menschlichen Natur. Aus solchen Überlegungen spricht nicht mehr der alte Geist der Republik, sondern eine neue Auffassung vom Menschen, die dann später die Übernahme des Christentums erleichtert. Solche gedankliche Umwertung der bisherigen Ordnung läßt diese aber äußerlich bestehen, wirkt insofern nicht aktiv oder gar revolutionär, sondern begnügt sich mit der philosophischen Verinnerlichung.

Die Kaiserherrschaft wird infolgedessen auch nicht durch einen aus dem Inneren des Staates erwachsenden Widerstand erschüttert, sondern zerstört sich letztlich aus sich selbst heraus. Schrankenlosigkeit, ungezügelter Machtgenuß und »Cäsarenwahn« sind nur die äußerlich auffälligen Symptome einer schon bald nach Augustus zur Tyrannis entartenden Monarchie. Der Kaiser wird schließlich in orientalischen Riten göttlich verehrt. Nur knieend darf man sich ihm nahen, und der Fußkuß, von den Griechen einst als Ausdruck tiefster Unfreiheit verächtlich abgelehnt, gilt nun als höchste Form der Huldigung. In unnahbarer Ferne thront der Kaiser über den Untertanen, die nur noch durch seinen Kult einigermaßen zusammengehalten werden können. Schließlich vollenden die »Soldatenkaiser«, die – oft mehrere zugleich – ihre Macht einer egoistischen, rohen Soldateska verdanken, den inneren Verfall des Kaisertums.

Das so geschwächte römische Reich, wirtschaftlich und finanziell am Ende, geistig und kulturell weitgehend ohne überzeugende Idee, erliegt demnach inneren Verfallserscheinungen mindestens ebenso sehr wie den äußeren Angriffen der grenzüberflutenden Nachbarvölker. Ähnlich wie in dem einst von Rom eroberten Griechenland ist aber auch jetzt die Ausstrahlung des bis zum Schluß unbeirrt bewahrten Erbes groß genug, daß Rom weiterhin, wenn auch in gewandelter Bedeutung, Zentrum des Abendlandes bleibt.

Die Grundlage für diese Entwicklung legen zwei Ereignisse, die Zerstörung Jerusalems 70 n. Chr. und die Entscheidung Konstantins 313 n. Chr., mit der das Christentum als Religion anerkannt wird. Nach der Niederschlagung des jüdischen Aufstands der Jahre 69/70 zerstreuen sich die Juden über alle Welt; der Jerusalemer Tempel, seit jeher Symbol ihrer ethnisch-religiösen Identität, wird nicht wieder aufgebaut. Die junge christliche Kirche, zunächst auf Judäa beschränkt, geht zur Heidenmission über und faßt vor allem im Osten des Römischen Reiches, aber auch in den großen Städten des Westens Fuß. Rom erweist sich trotz wiederholter Kämpfe gegen den Orient letztlich, wie so oft, nicht nur als Sieger, sondern auch als Erbe der Besiegten. Die römische Kraft zur Assimilation und umgestaltenden Anverwandlung des Fremden hat sich nicht nur hinsichtlich der griechischen Kultur bewährt, sondern gilt auch jetzt für das Christentum. Die »Ewige Stadt« bleibt Zentrum antiken Herrschaftsanspruches und christlichen Glaubens auch für die Erben Roms, die germanischen Königreiche und das mittelalterliche Kaiserreich.

III Abendländischer *Ordo* des Mittelalters

Zwischen dem dritten und achten Jahrhundert fallen die Entscheidungen, die das abendländische Europa zu der ihm eigentümlichen Gestalt formen. In dieser Zeit verschmelzen auf dem Boden des Römischen Reiches antikes Erbe, Christentum und Germanentum zu einer neuen Einheit, die erstmals im Frankenreich der ausgehenden Merowingerzeit deutlich sichtbar in Erscheinung tritt. Der Sinn der Epoche liegt somit in der historischen Begegnung – einer im Hinblick auf die Entwicklung der europäischen Lebensform übrigens *notwendigen* Begegnung – der drei Elemente, denn einzeln und auf sich gestellt hätte vermutlich keines eine Zukunftschance gehabt.

Der vor allem von Diokletian vollendete spätantike Zwangsstaat bringt für die Mehrzahl seiner Bewohner bedrückend trostlose Verhältnisse mit sich. Der dringenden Sorge für die Reichsverteidigung, insbesondere der Sicherung der immer stärker gefährdeten Rhein-Donau-Grenze und der Erhaltung der militärischen Schlagkraft, haben sich alle anderen politischen Ziele unterzuordnen. Die Sicherstellung des erforderlichen Steueraufkommens wird zur Lebensfrage des Reiches, und die letzten noch vorhandenen Reste bürgerlicher Freiheit und lokaler Selbstverwaltung werden in einem umfassenden Verordnungs- und Überwachsungssystem rücksichtslos erstickt. Bevölkerungszahl und Wirtschaftsaufkommen nehmen ab, während Rechtsunsicherheit, Korruption, Reglementierung und Bürokratismus immer weiter um sich greifen. Die geistige Situation der Zeit spiegelt diese Zustände auf ihre Weise. Die literarische Produktion ist fast erloschen. In der bildenden Kunst wird die harmonisch freie Gestaltung natürlicher Motive von einer orientalischen, »byzantinischen« Strenge und starren Erhabenheit abgelöst.

Noch auffälliger ist der orientalische Einfluß in der Religion. Nachdem der altrömische Götterglaube seine verbindliche Kraft verloren hat und auch der offizielle Kaiserkult nur unzulänglichen Ersatz bietet, wendet sich die breite Masse in wachsender Erlösungssehnsucht den morgenländischen Riten und Kulten der Isis oder Kybele, des Serapis oder Mithras zu. »Eine einheitliche Zivilisation von orientalisierendem Gepräge erfüllt fast den gesamten Raum der griechisch-römischen Kultur« (H. Stier). Die antike Kultur ist in eine Sackgasse geraten, aus der sie sich, da ihre Möglichkeiten erschöpft sind, nicht mehr befreien kann.

Bevor noch das Germanentum hier völlig neue Perspektiven eröffnet, wird im Laufe des vierten Jahrhunderts das Christentum in das geistig-politische System des spätantiken Reiches einbezogen. Die Christen haben sich allen Versuchen widersetzt, sie zur Teilnahme an dem allgemein verbindlichen Kaiserkult zu zwingen, durch den die geistige Einheit des Reiches gestärkt werden soll. Die daraufhin einsetzenden blutigen Verfolgungsmaßnahmen können jedoch dem Christentum nicht nur nichts anhaben, sondern tragen sogar zu seiner Ausbreitung und Stärkung bei. Zu Beginn des vierten Jahrhunderts ergibt sich nun die Möglichkeit, daß das Christentum selbst zu jener geistigen Klammer des Reiches wird, die der Kaiserkult nicht zu bilden vermochte. Dies ist der Sinn des Mailänder Toleranzedikts von 313 und des ersten Reichskonzils, das 325 von Kaiser Konstantin persönlich in Nizäa eröffnet wird.

Die wirtschaftlich-sozialen Verhältnisse und das geistige Klima des spätantiken Zwangsstaates stellen zweifellos einen günstigen Nährboden für die weitere Ausbreitung der christlichen Religion dar. Dem gegenseitigen Haß der einzelnen gesellschaftlichen Gruppen, dem brutalen Druck des bürokratischen, polizeistaatlichen Apparats, der Angst und der Verfolgung stellt das Christentum die Forderung nach Liebe und Mitleid, Trost und Barmherzigkeit entgegen. Dadurch, daß die Christen diese Ideale nicht nur predigen, sondern auch verwirklichen, wird die christliche Kirche zu einer

Institution echter Daseinshilfe für zahllose in Not geratene oder unterdrückte Menschen. Der Sieg des Christentums, das im Jahre 391 durch Kaiser Theodosius zur allein gültigen Staatsreligion erklärt wird, ist auf verschiedene Gründe zurückzuführen: Die Anziehungskraft seiner Dogmen und Glaubenslehren beruht zunächst auf der Erfüllung der das Zeitalter beherrschenden Jenseitssehnsucht. Gleichzeitig aber entspricht die neue Lehre auch der antiken Vorstellung des sich im Menschen verkörpernden Gottes. Schließlich aber und vor allem wirkt sie durch den unbedingten Primat des Menschlichen, den die Anhänger dieser Religion nicht nur fordern, sondern vorleben. Das Römertum wird auf das Ideal der *humanitas* zurückverwiesen, das für seine besten Repräsentanten bereits ein halbes Jahrtausend zuvor verbindlich war.

Auch in anderer Hinsicht hat die christliche Kirche antike Traditionen aufgenommen und fortentwickelt. Das gilt zunächst einmal für das kirchliche Lehrgebäude selbst, das über seine jüdisch-orientalischen Ursprünge hinaus den Geist der griechischen Philosophie atmet. Es gibt zahlreiche Zeugnisse darüber, mit welcher Selbstverständlichkeit sich die Kirche als Trägerin antiken Bildungsgutes empfindet. Noch augenfälliger ist aber die Übernahme klassisch-römischer Ideale in der Praxis kirchlichen Wirkens. Zwar hat die Senatsaristokratie des Westens besonders hartnäckigen Widerstand gegen die Christianisierung des Reiches geleistet; schließlich sind es aber dann doch gerade diese Kreise, aus denen der jungen abendländischen Kirche entscheidende Kräfte zufließen.

Die Gründung des ersten Benediktinerklosters auf dem Monte Cassino im Jahre 529 kann in diesem Zusammenhang als epochal bezeichnet werden. Durch seine Devise *Ora et labora!* schafft Benedikt von Nursia jene spezifisch europäische Variante des Mönchtums, die sich nicht in reiner Kontemplation erschöpft, sondern sinnvoll-aktive Daseinsgestaltung als ihre Aufgabe ansieht. Zahllosen Menschen, insbesondere auch aus dem europäischen Adel, wird damit ein Tätigkeitsfeld eröffnet, das ihrem Wesen entspricht.

Und als wenig später Cassiodor, Römer und ostgotischer Kanzler zugleich, die Klöster auf den Weg der geistigen Betätigung verweist, schließt sich der Kreis: Während der einzelne Mönch seinem Abt, der in vielfacher Hinsicht die Tradition des *pater familias* fortsetzt, Ehrerbietung und Gehorsam schuldet und nach Stellung, Tätigkeit und Selbstverständnis die altrömischen Tugenden der *pietas, virtus* und *disciplina* verkörpert, schaffen die Klöster insgesamt durch ihre literarische Leistung die Voraussetzung dafür, daß das Kulturgut der Antike nicht versinkt, sondern die geistige Entwicklung des Kontinents in den nächsten anderthalb Jahrtausenden immer wieder neu befruchten kann. Die Geburt des abendländischen Mönchtums aus dem Geist altrömischer Adelsethik kann somit als ein in seiner Bedeutung gar nicht zu überschätzender Vorgang der europäischen Kulturgeschichte angesehen werden.

Die belebende Wirkung des Christentums allein hätte allerdings nicht ausgereicht, die spätantike Kultur aus ihrer Erstarrung zu lösen und neue, tragfähige Grundlagen für die Weiterentwicklung der europäischen Lebensform zu schaffen.

Die Geschichte des Byzantinischen Reiches, das die spätantik-christliche Tradition bis an die Schwelle der Neuzeit fortsetzt, zeigt dies sehr deutlich. Zwar ergibt sich zweimal, nach der Eroberung Griechenlands durch den Westgotenherzog Alarich und zu Beginn der Ära Theoderichs des Großen, die weltgeschichtliche Möglichkeit einer Begegnung von Griechentum und Germanentum; und seit der zweiten Hälfte des sechsten Jahrhunderts, als die Slawen siegreich auf dem Balkan vordringen, scheint wiederholt eine griechisch-slawische Verbindung zum Greifen nahe zu sein. Dem Oströmischen Reich gelingt es jedoch, sich – wenn auch unter beträchtlichen Gebietsverlusten – militärisch zu behaupten und durch Abschließung und Abkapselung nach außen die fremden Einflüsse abzuweisen. Die Folge ist, daß die oströmische Reichshälfte zwar die Stürme der Völkerwanderungszeit überdauert, aber auch keine geistig-politische Neugeburt erlebt. Zwar hat Byzanz noch fast das ganze Mittelalter hindurch Europa gegen Araber und Türken verteidigt und zugleich der slawischen Völkerwelt antike Kultur und christliche Gesittung vermittelt. Die zukunftsträchtigen geschichtlichen Impulse sollten jedoch nicht vom griechisch-orthodoxen Osten, sondern vom lateinisch-katholischen Westen ausgehen, der sich nun unter der prägenden Wirkung der Germanen seit dem sechsten Jahrhundert zum »Abendland« zu formen beginnt.

Der Erfolg und die weittragende Wirkung des spätrömisch-germanischen Verschmelzungsprozesses erklärt sich unter anderem aus der gemeinsamen indoeuropäischen Wurzel der beiden Kulturen. Der Sinn für personale Würde, für Rang- und Wertabstufungen, der nüchterne Blick für die rechtliche und politische Ordnung des Gemeinwesens sind sowohl bei Römern als auch bei Germanen besonders stark entwickelt, so daß bei der Gestaltung abendländischer Verhältnisse verwandte Antriebskräfte wirksam werden. Man kann infolgedessen die germanische Völkerwanderung im Kern auch als Gegenbewegung zu der Orientalisierung des Reiches, als zweite Welle der Indoeuropäisierung West- und Südeuropas interpretieren. Darüber hinaus enthält auch das Christentum gewisse Elemente, die den Germanen die Übernahme dieser Religion erleichtern, etwa seine humane Haltung gegenüber dem Schwächeren oder auch die charismatische Königsvorstellung der Bibel.

Als außerordentlich günstig für die Entstehung des germanisch-romanischen Abendlandes erweist sich ferner der Umstand, daß die Germanen das Imperium keineswegs gleich beim ersten Ansturm überrennen. Solange die Grenzverteidigung am Rhein und an der oberen Donau hält – das ist im wesentlichen bis zur Jahreswende 406/407 der Fall –, kommt es lediglich zu einer allmählichen Germanisierung der Randprovinzen. Auf diese Weise verbleiben beträchtliche Teile der germanischen Welt jahrhundertelang im Ausstrahlungsbereich der antiken Kultur, werden so für deren Werte empfänglicher, können bereits vor der eigentlichen

Landnahme gewisse Kulturelemente – so etwa durchweg die christliche Religion – von den Römern übernehmen und bringen daher im allgemeinen den vorgefundenen Verhältnissen eine bemerkenswerte Aufnahmebereitschaft entgegen. Die letztlich erfolglose Kraftanstrengung des Reiches seit Diokletian hat also unbeabsichtigt eine wichtige Voraussetzung für das Werden des europäischen Abendlandes geschaffen.

Worin besteht nun der spezifisch germanische Beitrag zur Neugestaltung der europäischen Lebensordnung? Es sind, sieht man einmal von der entsprechenden physischen Leistungsbereitschaft und -fähigkeit ab, zunächst sittliche Kräfte, die die Germanen befähigen, das erstarrte spätrömische Staats- und Gesellschaftssystem mit neuem Leben zu erfüllen und den Weg aus der Sackgasse zu weisen. Drei Grundsätze sind es vor allem, die unübersehbar Leben und Denken prägen, gleichgültig, ob man die römischen Quellen des ersten oder die isländischen des dreizehnten Jahrhunderts zugrundelegt, ob man die Verhältnisse einer norddeutschen Bauernrepublik oder die des vandalischen Königshofes in Afrika vor Augen hat:
das Prinzip der Bewährung des Individuums,
das Prinzip der Abstufung von Rechten und Pflichten,
das Prinzip der »gebundenen Freiheit« (J. de Vries).

Vornehmlich dank dieser Voraussetzungen sind die Germanen in der Lage, die Fesseln des ohnehin brüchigen spätantiken Zwangsstaates zu sprengen und die Grundlagen für einen historischen Neubeginn zu schaffen. Besonders günstige Bedingungen für die Begegnung zwischen der christlich-antiken und der germanischen Kultur bestehen in den von den Franken besetzten Gebieten zwischen Rhein, Loire und Kanalküste. Hier haben sich im fünften Jahrhundert die Abwehrkräfte des Imperiums verdichtet, hier – entlang der stark romanisierten Grenzzone und im Bereich der jahrzehntelang umkämpften Reichshauptstadt Trier – hat sich gerade in der Spätantike leistungsfähiges Römertum in besonderem Maße konzentriert, hier verfügt auch die Kirche über ein verhältnismäßig engmaschiges Organisationsnetz. Umgekehrt siedeln hier die Germanen in stärkerer Volkszahl als in allen übrigen Provinzen des Römischen Reiches. Hinzu kommt, daß die Franken, ebenfalls im Unterschied zu den übrigen Germanenvölkern, nach Chlodwigs Taufe römisch-katholisch werden, so daß der konfessionelle Gegensatz entfällt und die Kirche, die sich in den wirren Zeitläuften der Völkerwanderung als verhältnismäßig stabil erweist, zur Zusammenarbeit mit den Eroberern bereit ist.

Entscheidend aber ist schließlich, daß hier – und nur hier! – ein mächtiges, großräumiges Staatsgebilde geschaffen wird, das die west- und mitteleuropäischen Kerngebiete des Kontinents umfaßt – im wesentlichen eine Leistung der fränkischen Könige und der mit ihnen aufgestiegenen Reichsaristokratie. Die Entstehung des Königtums ist letztlich auf die permanente Ausnahmesituation der Wanderungszeit und auf das geistige und materielle Erbe der Cäsaren zurückzuführen, als deren Rechtsnachfolger die Merowinger auftreten. Als geistige Grundlage der Monarchie ist zunächst die heidnisch-religiöse Vorstellung vom Königsheil anzusehen. Danach erfreut sich das den Göttern entsprossene Königsgeschlecht besonderer göttlicher Gunst, und die innere Rechtfertigung der monarchischen Staatsform liegt vor allem darin, daß es zweckmäßig erscheint, das Sippenheil der führenden Familie des Landes der Gesamtbevölkerung nutzbar zu machen. Wenn sich der karolingische Staatsstreich gegen die degenerierte Merowingerdynastie so lange verzögert, so ist dies in der tief im Volk verwurzelten Überzeugung vom königlichen Geblütsheil begründet, das ungeachtet der tatsächlichen Machtverhältnisse nach wie vor mit der Merowingersippe in Zusammenhang gebracht wird.

Wie bei allen germanischen Völkern hat auch bei den Franken von Anfang an der Adel eine entscheidende Rolle bei der Gestaltung der politisch-sozialen Ordnung gespielt. Gestützt auf ihre überragende wirtschaftliche Macht, auf ihre militärische Überlegenheit und auf das Ansehen in der Bevölkerung, nehmen einige wenige Familien auch in politischer Hinsicht eine Vorrangstellung ein. Der Aufstieg des Königtums und der Übergang vom germanischen »Volksstaat« zum fränkischen »Königsstaat« ändert diese Verhältnisse nicht grundlegend. Vielmehr bleibt der Adel während des ganzen Mittelalters eine neben dem Königtum stehende politische Macht, so daß die Verfassung grundsätzlich dualistischen Charakter hat.

Dieser Adel entwickelt nun im Laufe der Jahrhunderte bestimmte Dienst- und Lebensformen und ein bestimmtes sittlich-gesellschaftliches Selbstverständnis, das schließlich im Ritterideal des Hochmittelalters seine Vollendung erreicht und das geistige Antlitz Europas bis zur Gegenwart entscheidend geformt hat. Wesentlich ist in diesem Zusammenhang vor allem die Entstehung des Lehnswesens – eine echte Neuschöpfung des werdenden Abendlandes, die geradezu modellhaft zeigt, wie fruchtbar und zukunftsträchtig sich die römisch-germanisch-christliche Synthese auszuwirken vermochte.

Im eroberten Gallien treffen die Franken auf das kelto-romanische Rechtsinstitut der Vasallität, das ein Dienstverhältnis einer Person zu einer anderen, sozial höherstehenden, umschreibt, die als Gegenleistung Schutz und Unterhalt gewährt. Unter dem Einfluß der germanischen Gefolgschaftsidee wird nun dieses Rechtsverhältnis gleichsam sittlich überhöht und zugleich in die ständische Sphäre des Adels gehoben: Unter Dienstleistungen werden bald nur noch Kriegsdienste verstanden, wobei gleichzeitig der Gedanke der wechselseitigen persönlichen Treueverpflichtung und der insoweit gegebenen Parität der Partner in den Vordergrund tritt. Schließlich kommt als dritter Faktor das besonders im kirchlichen Bereich verbreitete Benefizialwesen hinzu, ebenfalls ein antikes Rechtsinstitut. Es wird üblich, daß dem Vasallen als Gegenleistung für seinen Kriegsdienst die Nutznießungsrechte an einem Landgut (*beneficium*) überlassen werden.

Schon vor der Mitte des achten Jahrhunderts ist das Lehnswesen voll ausgebildet: Der Lehnsmann leistet dem Lehnsherrn Kriegsdienste zu Roß, wenn immer er dazu aufgefordert wird; als

Gegenleistung erhält er ein Lehnsgut (*feudum* oder *beneficium*), das bei Auflösung des Lehnsverhältnisses wieder an den Lehnsherrn zurückfällt. Eine Lehnsbildung wird durch gegenseitigen Treueschwur in feierlich-sakraler Form begründet und endet nur bei Tod oder bei gröblicher Verletzung der Schutz- beziehungsweise Dienstpflicht durch einen der beiden Partner (*Felonie*). Ein Lehen kann an einen oder mehrere Aftervasallen weitergegeben werden, so daß es zur Ausbildung einer Feudalhierarchie kommt, die vom König bis zum untersten Lehnsritter reichen kann. Den Abschluß dieser Entwicklung bildet schließlich die Feudalisierung der gesamten Staatsverfassung, da in zunehmendem Umfang auch öffentliche Ämter als Lehen vergeben werden und sich im zwölften Jahrhundert weithin die Vorstellung durchsetzt, öffentliche Befugnisse könnten überhaupt nur auf lehnsrechtlichem Wege delegiert werden.

Das Lehnswesen hat mannigfache Auswirkungen auf die geistig-soziale Struktur der fränkisch-normannischen Nachfolgestaaten, also auf ganz West-, Süd- und Mitteleuropa gehabt. Insbesondere wird überall das Selbstverständnis des Adels sehr stark durch die feudalen Werte geprägt. Dienstgedanke und Treue-Ethos, hierarchische Ordnung und ständisches Denken, Sinn für Tradition, militärischer Leistungsanspruch und selbstverständliches Überlegenheitsbewußtsein sind die leitenden Vorstellungen, doch sind insofern auch genossenschaftliche Züge vorhanden, als die Lehnsmannschaft, also die Gesamtheit der Lehnsleute desselben Lehnsherrn, von Anfang an zu korporativem Zusammenschluß neigt, um ihre ständischen und wirtschaftlichen Interessen durchzusetzen.

Als dritte politische Kraft des fränkischen Reiches ist schließlich die Kirche zu nennen, die in jenen Jahrhunderten eine Bedeutung gewinnt, die weit über ihren geistlichen Auftrag hinausführt. Die Gründe dafür liegen in der straff-hierarchischen Gliederung ihrer Organisation, der Disziplin und der sittlichen Kraft ihrer Repräsentanten, der materiellen Unabhängigkeit zahlreicher Kirchen und Klöster, dem maßgeblichen Einfluß des Adels auf die Besetzung der Abts- und Bischofsstellen, vor allem aber in der Institution des Papsttums und in der weltlichen Herrschaft des Papstes. Im Machtvakuum zwischen Ostrom und dem Langobardenreich, im *Dukat* von Rom und in der *Pentapolis*, gibt es in den verworrenen Zeiten zwischen dem Untergang des Gotenreiches und dem Aufstieg der Karolinger nur eine einzige öffentliche Institution von einiger Autorität, das Papsttum, dem somit gewisse öffentliche Befugnisse wie selbstverständlich zufallen. Gleichzeitig ist das Ansehen des Papsttums, unter anderem dank der Petrusverehrung der in zunehmendem Maße christianisierten germanischen Völker, in der westlichen Kirche in ständigem Steigen begriffen; der Ausbau der fränkischen Landeskirche unter Karl Martell und Bonifatius wird bereits in enger Anlehnung an den römischen Stuhl betrieben.

751 erkauft Pippin die päpstliche Salbung, die ihm das fehlende Königsheil ersetzen soll, mit der »Pippinschen Schenkung«, der offiziellen Bestätigung des Kirchenstaates. Dieser Vorgang und das gleichzeitig geschlossene Bündnis zwischen »Thron und Altar« haben weitreichende Folgen für beide beteiligten Seiten gehabt. Fortan versteht sich jeder Fürst als Herrscher »von Gottes Gnaden«, der seine weltlichen Aufgaben in göttlichem Auftrag wahrnimmt. Umgekehrt empfindet sich die römische Kirche künftig als geistig-geistliche Führungsmacht des Abendlandes, die – im Unterschied zum Cäsaropapismus der Ostkirche, bei der der Kaiser zugleich Oberhaupt der Staatskirche ist – eine von der staatlichen Gewalt unabhängige Rolle bei der Gestaltung der menschlichen Ordnung zu spielen beansprucht. Dieses grundsätzliche Nebeneinander der beiden Gewalten führt zu der Vorstellung, daß das *Imperium* und das *Sacerdotium* die Angelegenheiten dieser Erde in gemeinsamem universalem Anspruch zu ordnen hätten – eine Vorstellung, wie sie bei der Kaiserkrönung Karls des Großen am Weihnachtstag des Jahres 800 erstmalig für alle Welt sinnfällig zum Ausdruck kommt.

Mit der *Renovatio imperii per Francos,* der Wiederaufnahme der jetzt christlich verstandenen antiken Reichsidee und ihrer Begründung auf der Basis germanischer Staatlichkeit, ist die erste und entscheidende Phase im Verschmelzungsprozeß zwischen Antike, Christentum und Germanentum abgeschlossen – das werdende Abendland hat die grundlegenden Prinzipien seines geistig-politischen Selbstverständnisses entwickelt. Zwar zerbricht der Staat Karls des Großen bereits in der auf ihn folgenden Generation, so daß vorübergehend alle politischen Voraussetzungen für die Entfaltung des christlichen Reichsgedankens fehlen. Im Jahre 962 jedoch wird der deutsche König Otto der Große, der in den Jahrzehnten zuvor einen der Nachfolgestaaten, das ostfränkisch-deutsche Reich aus einer zerstrittenen Föderation von Stammesstaaten zur führenden Macht des Kontinents erhoben hat, vom Papst zum »Römischen Kaiser« gekrönt. Damit werden die Deutschen als Träger der imperialen Idee zum eigentlichen »Reichsvolk« des Mittelalters. Von Otto dem Großen über Friedrich Barbarossa bis hin zu Karl V., dessen Wahlspruch *Plus ultra!* in diesem Zusammenhang geradezu als symptomatisch bezeichnet werden darf, wird damit ein strahlendes Ideal, das Gottesreich auf Erden und das menschliche Miteinander im christlichen Geiste, als ganz konkrete politische Zielvorstellung begriffen. In außenpolitischer Hinsicht bedeutet dies nicht weniger als den Anspruch auf Herrschaft oder zumindest Oberherrschaft über die Völker der Erde – ein Anspruch, der in gleicher Weise auf der Verpflichtung gegenüber dem übernommenen Erbe der Römer, dem Bewußtsein zivilisatorischer Überlegenheit und dem Gehorsam gegenüber dem Missionsbefehl Christi beruht, der sich ja auf »alle Völker« bezieht. Was die innere Ordnung dieses Reiches angeht, so sollen die politischen, gesellschaftlichen und geistigen Verhältnisse der Menschen in christlichem Sinne gestaltet werden.

Daß ein solches Programm tatsächlich in Angriff genommen worden ist, daß unter Mißachtung von Grenzen und Beschränkungen, die durch die äußeren Bedingtheiten einerseits, durch die menschliche Natur andererseits gegeben sind, für die Verwirklichung jenes Ideals gehandelt und gelitten, gelebt und gestorben wurde, wäre selbst dann höchst bemerkenswert, wenn die Erfolge denkbar gering geblieben wären. Tatsächlich gelingt es jedoch beispielsweise im inneren und äußeren Ausbau des Kirchen- und Klosterwesens, der Wirkung der Gottesfriedens- und Kreuzzugsbewegung oder im Ordensstaat zumindest zeitweilig und zumindest in bestimmten Lebensbereichen dem angestrebten Zustand verhältnismäßig nahezukommen, wenngleich auch manches Mal mit Mitteln, die nicht nur aus heutiger Sicht fragwürdig erscheinen mögen. Vor allem aber werden in diesen Jahrhunderten unter dem mitreißenden Schwung der idealen Zielkonzeption Kräfte wachgerufen, die eine geistige und politische Welt von ungewöhnlicher Geschlossenheit schaffen, eben jene Welt des abendländischen Hochmittelalters, die wiederum die Voraussetzung für die gesamte neuzeitliche Entwicklung darstellt.

Der diese Welt bestimmende, grundlegende sittlich-metaphysische Zentralbegriff ist der des *Ordo,* in den die Gesamtheit der Sinn- und Seinsvorstellungen des damaligen Menschen einfließt. *Ordo* ist insoweit dem griechischen Kosmos vergleichbar, ohne allerdings dessen ästhetische Dimension zu erreichen; dafür sind die gedankliche und auch die ethische Begriffskomponente stärker ausgeprägt. *Ordo* bedeutet, daß alle Erscheinungsformen des Seins, die erhabensten sowohl als die alltäglichsten, ihren festumrissenen Stellenwert in einem umfassenden Beziehungsgefüge haben, dessen Gültigkeit *a priori* vorgegeben ist und durch das die Erkenntnis- und Wertmaßstäbe für den Menschen unverrückbar festgelegt sind. Der Absolutheitsanspruch und der innere Zusammenhang dieses Systems sind dadurch gewährleistet, daß alles Sein letztlich auf eine höhere Wirklichkeit zurückgeführt wird, die – anders als in der Antike – in strikt theistischem Sinne interpretiert wird, nämlich als personaler Schöpfergott, in dessen Heilsplan die gesamte Menschheitsgeschichte eingebettet ist.

Mit der Institution der Kirche, die als *Corpus mysticum Christi* verstanden wird, ragt diese höhere Wirklichkeit unmittelbar in die irdische Welt des Menschen hinein. Würde und Auftrag sowohl der geistlichen als auch der weltlichen Gewalt sind damit von vornherein bestimmt: Der Staat hat den Vollzug des göttlichen Heilsplans mit politisch-ideellen, die Kirche mit geistlichen Mitteln zu befördern, wobei beide verpflichtet sind, einander nach Kräften zu unterstützen. Trotz dieser gemeinsamen Zielsetzung und trotz der notwendig engen Zusammenarbeit mit dem Staat bleibt aber die Kirche – gestützt auf ihren ausgedehnten materiellen Besitz und auf die weltliche Herrschaft des Papsttums – eine durchaus eigenständige Gewalt; das Charakteristische der abendländischen Entwicklung liegt gerade darin, daß sich im Verhältnis von Staat und Kirche weder theokratische noch cäsaropapistische Tendenzen voll durchsetzen können – eine der wesentlichen Voraussetzungen dafür, daß in Europa die Idee der geistigen, politischen und persönlichen Freiheit immer neue Faszination entwickelt.

Aufgabenstellung und Zusammenarbeit zwischen geistlicher und weltlicher Gewalt sind bereits im Mittelalter immer wieder am Beispiel des Kampfes der Kinder Israel gegen die Amalekiter in der Wüste Sinai veranschaulicht worden.[7] Während der israelische Feldhauptmann Josua das Heer befehligt und die Schlacht leitet, trägt Moses als der geistige Führer des Volkes dadurch zum Sieg (und damit zur Erfüllung der Absichten Gottes mit seinem Volk) bei, daß er – mit dem »Stab Gottes« (Hirten-, Bischofsstab) auf dem Gipfel eines Berges stehend – in Fürbitte für sein Volk die Hände zum Himmel erhebt. »Und wenn Moses seine Hand emporhielt, siegte Israel; wenn er aber seine Hand niederließ, siegte Amalek ... Aaron aber und Hur stützten ihm seine Hände, auf jeglicher Seite einer. Also blieben seine Hände fest, bis die Sonne unterging.«[8]

Die Wirkung der geistigen Kraft, die aus dem Bewußtsein der Teilhabe am Göttlichen erwächst, kann nicht deutlicher demonstriert werden; auf eben diesem Bewußtsein beruht die Überzeugung, daß das *Sacerdotium* und das *Imperium* einander ebenbürtig seien und daß beide gemeinsam die Angelegenheiten dieser Welt zu gestalten hätten. Die Gründung der Missionserzbistümer Hamburg-Bremen (für den Norden Europas), Magdeburg (für den Osten) und Salzburg (für den Südosten), der Aufbau des ottonisch-salischen Reichs-Kirchen-Systems und damit eine weitgehende Beteiligung der Kirche an der Reichsverwaltung, die enge Zusammenarbeit von Staat und Kirche bei der Erschließung und Missionierung der Markengebiete, die Eroberung Italiens und die Einsetzung reichsfreundlicher deutscher Bischöfe als Päpste – dies alles sind planmäßig eingeleitete Vorgänge, die in ihren historischen Ergebnissen, jedenfalls aber hinsichtlich der jeweiligen Zielsetzung, der grundlegenden Leitidee eines *Imperium Christianum* folgen.

Um die Mitte des elften Jahrhunderts gerät dieses System in eine schwere Krise, die aus der Übersteigerung und Verabsolutierung der geistlichen Komponente des *Ordo*-Gedankens erwächst und insofern wiederum sehr deutlich die gleichsam vorgegebene, ständig drohende Gefährdung europäischer Lebensform erkennen läßt. Durch den frühen Tod Kaiser Heinrichs III., in dessen Regierungszeit das Reichs-Kirchen-System vollendet wird, ist die Reichspolitik vorübergehend gelähmt; genau zu diesem Zeitpunkt kommt mit Papst Gregor VII. in Rom die kirchliche Reformbewegung an die Macht, die – an der »reinen Idee« des Christentums orientiert – jede Mitwirkung von »Laien« in kirchlichen Angelegenheiten ablehnt und damit die Grundlagen der Kooperation von *imperium* und *sacerdotium* in Frage stellt. Die geradezu dämonische Besessenheit Gregors VII. von dem alleinigen Machtanspruch des Stuhles Petri bringt ihm schon zu seiner Zeit den unheimlichen Beinamen *sanctus satanas* ein. Gregors Forderungen nach orientalisch anmutenden Verehrungsriten wie Kniefall und Fußkuß veranschaulichen, daß hier der Schlachtruf *Libertas ecclesiae!* rückhaltlose Unterwerfung unter den nur im Papst repräsentierten Willen Christi bedeutet.

Der nunmehr ausbrechende Investiturstreit, bei dem es um die Verfügungsgewalt über die Bistümer und damit um die politische

Macht im Reich geht, hat manche Züge einer »modernen« revolutionären Bewegung: die radikale Ablehnung des *Status quo,* die Berufung auf ein theoretisches Zukunftsmodell, die von Intellektuellen entfesselte Kampagne, die Verteufelung des politischen Gegners, das irreführende, aber wirksame Schlagwort, vor allem aber, und zwar in der Person Papst Gregors VII., die charismatische Führergestalt, die durch intellektuelle Brillanz, Berufung auf einen »höheren« Auftrag, Siegesgewißheit, Rücksichtslosigkeit gegen sich und andere und nicht zuletzt durch fanatisch-unbeugsame Entschlossenheit gekennzeichnet ist. Nur mit größter Mühe kann das deutsche Königtum wenigstens nördlich der Alpen seine Machtgrundlagen behaupten; indem Heinrich IV. darauf beharrt, daß er als »Gesalbter des Herrn« und Vertreter Christi auf Erden ebenfalls eine sakral begründete Funktion ausübe, vermag er den theokratischen Ansprüchen des Papsttums auch geistig zu begegnen. So wird das seit Otto dem Großen bestehende System zwar stark erschüttert, aber letztlich nicht völlig gesprengt.

Im übrigen erwachsen gerade aus dieser ersten großen Krise der Reichspolitik und des *Ordo*-Gedankens jene geistig-politischen Kräfte, die dem inneren Formprinzip Europas zu seiner mittelalterlichen Vollendung verhelfen. Grundlegend ist hier ein gewisser Wandel des Menschenbildes, der sich – nicht zuletzt unter dem Einfluß der benachbarten islamischen Mittelmeerwelt – zu Beginn der staufischen Zeit vollzieht. In ganz Europa entfaltet sich damals eine ritterliche, wenig später auch eine bürgerliche Laienkultur, für die der Mensch nicht mehr lediglich als Objekt göttlicher Heilseinwirkung, sondern auch als Wesen dieser Welt gilt. Nicht mehr um Selbstheiligung und Diesseitsüberwindung geht es den Besten des Zeitalters, sondern um das Problem, irdisch-menschliche Souveränität mit tief empfundener religiöser Bindung in Einklang zu bringen. Nicht mehr in der *Memento-mori*-Dichtung des elften Jahrhunderts erkennen sich die Menschen wieder, sondern in der Lyrik eines Walther von der Vogelweide oder in den Naumburger Stifterfiguren. Das überkommene, schlechthin verbindliche Ideal ist das gleiche geblieben, wird womöglich noch entschiedener und so unbedingt wie nie zuvor angestrebt. Die Mittel jedoch, es zu verwirklichen, sind natürlicher, der Weg dorthin ist heller, freundlicher, heiterer und menschlicher geworden.

Die staufische Dynastie selbst verkörpert den neuen Stil in einer ganzen Reihe ihrer Vertreter, und zwar in politischer wie in persönlicher Hinsicht. In erster Linie gilt das für Friedrich I. Barbarossa, der – zunächst vor allem gestützt auf die Überzeugungskraft seiner integren, harmonisch-ausgeglichenen Persönlichkeit – um die Mitte des zwölften Jahrhunderts die imperiale Politik der Ottonen wieder aufnimmt und das Reich einer der glänzendsten Epochen seiner Geschichte entgegenführt.

Ungeachtet der inzwischen entstandenen »Realitäten« beansprucht er von Anfang an wie selbstverständlich die kaiserlichen Hoheitsrechte über Reichsitalien und läßt unter der Devise *Honor imperii* durch seinen hochbegabten Kanzler Rainald von Dassel, Erzbischof von Köln, eine ebenso einfallsreiche wie zielgerichtet-systematische Restitutionspolitik im Sinne der imperialen Idee einleiten, die er trotz aller Rückschläge und Mißerfolge im Prinzip nie aufgegeben hat.

Im Gegenteil: In der Umgebung Barbarossas wird der Reichsgedanke damals geradezu überhöht, so etwa, wenn die Könige von so bedeutsamen Ländern wie Frankreich und England von Rainald von Dassel schlicht als »Kleinkönige«, »Unterkönige« (*reguli*) bezeichnet werden oder wenn der am staufischen Hof weilende *Archipoeta* den Kaiser als den »Herrn der Welt« besingt. Schließlich hat Barbarossa selbst keinen Zweifel an der eigentlichen Zielsetzung und den letzten Beweggründen seiner Politik gelassen, wenn er, sein Lebenswerk zu krönen, im Jahre 1189 an der Spitze eines gesamtabendländischen Ritterheeres nach Palästina aufbricht, um die Stätten des Heiligen Landes für das christliche Europa zu sichern, das sich eben damals anschickt, in den hochragenden, himmelwärts strebenden gotischen Domen unübersehbare Zeichen seines Wollens zu setzen.

Eine Persönlichkeit ganz anderen Zuschnitts ist der Stauferkaiser und Normannenkönig Friedrich II., der seinem Großvater nur in der hohen Auffassung seines herrscherlichen Auftrags und in der unbeirrbaren Konsequenz seines politischen Wirkens gleicht. Nach Herkunft, Erziehung und persönlicher Disposition ungleich vielschichtiger angelegt, allen geistigen und ästhetischen Anregungen gegenüber aufgeschlossen, mit einem unbändigen, mitunter geradezu erschreckenden Erkenntnis- und Gestaltungsdrang begabt, dem Prinzip der *Ratio* verhaftet, erscheint er als der erste Mensch, der wesentliche Grundzüge der europäischen Moderne in seiner Person vereinigt. In künstlerischer und politischer Hinsicht eher an der heidnischen Antike als am Mittelalter orientiert, nimmt er andererseits mit dem von ihm vollendeten sizilischen Beamten- und Militärstaat, der einzig unter dem Gesichtspunkt planvoller Zweckmäßigkeit organisiert wird, den Absolutismus des 18. Jahrhunderts vorweg. Ähnliches gilt auch für seine persönliche Geisteshaltung, die – etwa seine vorurteilslose, teilweise höchst freigeistige Einstellung zu kirchlich-religiösen Fragen – ebenfalls eher an das 18. als an das 13. Jahrhundert gemahnt. Die überlieferten Zeugnisse seines politischen Kampfes, seiner Produktivität und seines persönlichen Lebensstils zeigen deutlich, daß hier geistige Überlegenheit und innere Gefährdung eine eigentümliche Verbindung eingehen. Wenn schon damals der freiheitsfeindliche, erstickend-sterile Charakter rationaler Organisationsstrukturen offenkundig wird und die Bedenkenlosigkeit des Kaisers in der Wahl seiner Mittel nicht nur seinen kirchlichen Gegnern beängstigend erscheint, so zeigt sich hier schon sehr früh das Dilemma moderner europäischer Staatlichkeit schlechthin.

Die Frage liegt heute nahe, ob es denn nicht von vornherein eine grotesk überspannte Zielsetzung war, mit einigen tausend deutschen Lehnsrittern oder auch mit den Mitteln des sizilischen Normannenstaates das *Imperium Christianum* errichten zu wollen. Eine solche Frage – von der Geschichtswissenschaft seit dem 19. Jahrhundert immer wieder gestellt – verkennt nicht nur die ideellen Triebkräfte des Mittelalters, sondern geht auch in unzulässiger Weise von der tatsächlichen späteren Entwicklung aus. Daß in staufischer Zeit die Würfel auch ganz anders hätten fallen können und daß man damals dem angestrebten Ideal in mancher Hinsicht näher war als alle vorangegangenen Epochen, läßt sich kaum bestreiten. Beispielsweise gilt dies auch für die rein räumliche Ausdehnung des Imperiums. Um die Mitte des 13. Jahrhunderts liegen die Grenzen der imperialen Einflußsphäre im Norden immerhin am Finnischen Meerbusen, an der Narwa und am Peipussee, im Süden an der Straße von Sizilien. Die Westgrenze des Reiches verläuft noch westlich von Schelde und Rhone, während sich im Osten die große Siedlungs- und Kolonisationsbewegung vollzieht, immer größere Siedlungsgebiete gewonnen werden und die Perspektiven der künftigen Entwicklung noch keineswegs absehbar sind.

Wenn dennoch die politische Vorrangstellung des Reiches nicht behauptet werden kann, wenn auch im Inneren die ersehnte Friedensherrschaft in göttlichem Auftrag nicht überall und auf Dauer zu errichten ist, wenn vielmehr etwa seit der Wende vom 12. zum 13. Jahrhundert und vor allem nach der Katastrophe des staufischen Hauses die geistige und politische Einheit des Abendlandes eine fortschreitende Aushöhlung erlebt, so liegt das nicht nur an der Ungunst der historischen Entwicklung. Vielmehr gehört zum Wesen des mittelalterlichen *Ordo* ein starkes Element gesellschaftlich-politischer Freiheit, das monolithische Großstrukturen uniformen Charakters von vornherein ausschließt, umgekehrt aber allerlei Sonderbildungen, Autonomiebestrebungen und partikulare Egoismen begünstigt, so daß gerade auch im staatlichen Bereich die zentrifugalen Tendenzen übermächtig werden können.

Dieses Freiheitselement geht im wesentlichen auf den germanischen Genossenschaftsgedanken zurück, der insoweit die Staats- und Sozialverfassung des gesamten Abendlandes prägt und die Entfaltung bürgerlich-freiheitlicher Vorstellungen erst ermöglicht hat. Jedem »Herrn« – so ist die Grundvorstellung – steht eine genossenschaftliche Korporation gegenüber, die zu eigener Willensbildung und zu selbständiger politischer Initiative in der Lage ist: dem Königtum der Reichsadel, dem adligen Grundherrn die Genossame der abhängigen Bauern, dem Abt eines Klosters der Konvent der Mönche, dem Lehnsherrn die Lehnsmannschaft, dem Stadtherrn die Bürgerschaft, dem Landesherrn die Stände. Dieser Gegensatz wird nicht etwa als antagonistisch, sondern als komplementär, als für das öffentliche Leben notwendig empfunden. Man kann somit die Polarität Herrschaft–Genossenschaft als durchgängiges Strukturmerkmal und als leitendes Verfassungsprinzip der älteren Staats- und Sozialverfassung ansehen.

Dieses grundsätzlich dualistische Verständnis aller öffentlichen Ordnung wirkt sich nun naturgemäß nicht gerade fördernd auf die Festigung und Vereinheitlichung größerer Herrschaftssysteme aus. Dies gilt vor allem für das Heilige Römische Reich. Die Befugnisse des Königs, der sich einer großen Zahl von Personenverbänden eigenen Rechts gegenübersieht, sind hier von vornherein begrenzt. Der Investiturstreit, die staufisch-welfischen Bürgerkriege und das Interregnum zwischen 1254 und 1273 führen dann zum politischen Niedergang des Königtums, während zur gleichen Zeit die Macht der Territorialfürsten, der unmittelbaren Lehnsträger der Krone, ständig zunimmt. Spätestens seit der Mitte des 13. Jahrhunderts ist die Ausgewogenheit der Kräfte, die das Funktionieren dualistischer Systeme voraussetzt, hinsichtlich des Verhältnisses zwischen dieser Personengruppe und dem König so nachhaltig gestört, daß die politische Zersplitterung des Reiches nicht mehr aufzuhalten ist: Nicht das Reich, sondern die Territorien werden Staaten im modernen Sinne.

In engem Zusammenhang mit dieser Machtverlagerung im Inneren des Imperiums steht die politische Emanzipation der europäischen Randvölker – beide Vorgänge bedingen einander. Zu Frankreich und England, die auch im Hochmittelalter bereits gewichtige Staaten sind, treten als neue Mächte die Königreiche der Pyrenäenhalbinsel und des Nordens, ferner Polen-Litauen,

Ungarn und die italienischen Staaten. Von einer weitgehenden politischen Einheit des Kontinents kann keine Rede mehr sein.

Und dennoch: In mancherlei Hinsicht bewahrt Europa nach wie vor seine »Einheit in der Vielfalt«. Das gilt vor allem für die geistig-gesellschaftliche Ordnung des Kontinents, die nicht nur im Hoch-, sondern auch im Spätmittelalter eine eindrucksvolle, teilweise bis heute nachwirkende Geschlossenheit aufweist.

Ob im schottischen Bergland oder in der ungarischen Pußta, auf der Hochebene Kastiliens oder in den finnischen Wäldern – überall herrschen, gestützt auf ihre Burgen, die Angehörigen der adeligen Geschlechter über mehr oder weniger abhängige Leute der Umgebung, in wirtschaftlicher, gesellschaftlicher und politischer Hinsicht von bestimmendem Einfluß auf die jeweilige Region. Ihre Vorrangstellung beruht nicht nur auf Grundbesitz und Kenntnissen in Wirtschaft und Verwaltung, sondern auch auf elementaren Antriebskräften wie Machtwillen, Herrschsucht und Beutegier und ständiger Leistungsbereitschaft, die sich auf die Erhaltung der eigenen Lebensform, darüber hinaus aber auch auf öffentliche Belange, insbesondere auf den Kriegsdienst, bezieht.

Diese Welt des frühen europäischen Adels erfährt nun im Laufe des Mittelalters eine wesentliche Bereicherung durch die Entstehung des Lehnswesens und die Ausbildung des Ritterideals, das für das Selbstverständnis der Europäer entscheidende Bedeutung erlangen sollte. Dadurch, daß damals der Begriff des »Adels« in überzeitlicher Verallgemeinerung und Überhöhung in die Sphäre des Geistig-Sittlichen gehoben wird, kann sich aus der aristokratischen Lebensform eine idealisierte sittliche Wertordnung entwickeln, die von zahlreiche Menschen aller Bevölkerungsschichten akzeptiert oder übernommen worden ist.

Ritterliche Lebensweise und ritterliches Ethos entfalten sich in spätsalischer Zeit in dem eigentlichen Kernraum des Abendlandes zwischen Rhein und Seine und verbreiten sich schnell über ganz Europa. Sowohl hinsichtlich der Pflichten des Alltags als auch hinsichtlich seiner ethischen Leitbilder orientiert sich der »Edelmann«

(*chevalier, caballero, gentleman, gentilhomme, seigneur, signor,* »Herr«) zunehmend am Ideal des »Rittertums« und der »Ritterlichkeit«, das gewissermaßen eine Synthese zwischen dem archaisch-heroischen Ideal des frühen Adels und dem christlichen Humanitätsideal bildet.

In Kunst und Literatur, die Wandlungen dieser Art oft seismographisch begleiten, wird das neue Menschenbild besonders deutlich: Standen im Frühmittelalter der »heldische Mensch«, in den ersten Jahrhunderten des Hochmittelalters der »christliche Mensch« im Mittelpunkt künstlerischer Gestaltung, so tritt in staufischer Zeit der »ritterliche Mensch«, besonders eindrucksvoll verkörpert etwa im Bamberger Reiter oder in der Rüdiger-Gestalt des Nibelungenliedes, in den Vordergrund.

Man könnte ihn am knappsten dahingehend charakterisieren, daß er seine diesseitige Existenz in vollem Umfang bejaht, ohne sich an das Diesseits zu verlieren. Das bewußte Bekenntnis zur überkommenen Adelsethik, zu Tapferkeit und Treue, zu Integrität und Souveränität der Person, geht einher mit ebenso bewußter Bindung an jene überzeitlichen Normen, wie sie der Sittenkodex des Christentums enthält: Demut gegenüber jeder höheren Wirklichkeit, Respekt vor dem Mitmenschen, Barmherzigkeit und Hilfsbereitschaft gegenüber allen Schwachen und Bedürftigen, *humanitas*. Das Leben wird weder als Selbstzweck noch als Jammertal aufgefaßt, sondern als Chance, gewisse Werte und zeitlose Ideale zu realisieren und damit dem eigenen zeitlich begrenzten Sein einen Sinn zu verleihen.

Im Idealfall befindet sich somit der Ritter bei der Gestaltung seines Lebens stets im Dienst von etwas Höherem; er vollbringt seine Taten für Gott und Kirche, Kaiser und Reich, Lehnsherrn und Land, Stand und Familie, immer auch für seine »Dame«, deren Stellung im geistig-gesellschaftlichen Normensystem im übrigen ein gewandeltes Verhältnis der Geschlechter zueinander anzeigt. Zwar bleibt einerseits die grundsätzliche Gleichrangigkeit von Mann und Frau im Sinne menschlich-ethischer Ebenbürtigkeit, wie sie aus der indoeuropäischen und vor allem aus der germanischen Frühzeit mit hinreichender Deutlichkeit bezeugt ist, erhalten – auch die »Herrin« (*vrouwe, lady, dame, signora*) hat tapfer, stolz und treu, in besonderem Maße zugleich einfühlend, hilfsbereit und verständnisvoll zu sein. Andererseits aber gewinnt – wiederum unter dem Einfluß von Vorstellungen der arabischen Kulturwelt – eine andere Komponente des Frauenbildes, die ebenfalls bereits für die ältere Zeit nachweisbar ist, an Bedeutung: die Frau als Herrin, als angebetetes, aber unerreichbares Ideal, als sinngebende, läuternde, kultivierende Macht für den Mann.

In der südfranzösischen Troubadourdichtung und in der Minnelyrik der staufischen Klassik erfährt das Verhältnis zwischen werbendem Mann und verehrter – zumeist verheirateter – Frau eine kunstvolle, mitunter geradezu künstliche Steigerung: Es erscheint letztlich allem Irdischen enthoben und insoweit, zumal im deutschen Sprachraum, Ausdruck der »faustischen« Intention, gegebene Realitäten nicht hinzunehmen, sondern – sie notfalls sublimierend und in idealem Sinne überhöhend – zu überwinden.

Die Entwicklung des Ritter-Dame-Ideals im abendländischen Adel ist für die gesamte Folgezeit von grundlegender Bedeutung. Es werden damals kulturelle, gesellschaftliche und pädagogische Normen gesetzt, denen sich auch die übrigen Bevölkerungsgruppen verpflichtet fühlen, und zwar auch noch zu einer Zeit, als feudale Lebensform und adliger Herrschaftsanspruch sich längst überlebt haben. So übernimmt seit dem 18. Jahrhundert das gesamte englische Bürgertum das *Gentleman*-Ideal der adligen Oberschicht, und noch im 19. Jahrhundert wächst das preußische Bildungs- und Besitzbürgertum in erstaunlichem Maße, bis hin zur Identifizierung mit dem militärischen Dienstethos im engeren Sinne, in die ursprünglich adlige Lebenssphäre hinein.

Viel weniger einheitlich als die Welt des Adels erscheint im mittelalterlichen Europa die Welt des Bauerntums. Auch hier wird die Gesamtentwicklung bereits durch Vorgänge des Frühmittelalters entscheidend bestimmt, vor allem durch die Ausbreitung der

Grundherrschaft im fränkischen Reich (und später in allen fränkisch-normannischen Nachfolgestaaten), durch die der Bauer in ein unterschiedlich ausgeprägtes Abhängigkeitsverhältnis zu seinem meist adligen oder kirchlichen Grundherrn gerät. Da im Mittelalter Herrschaft stets mit der Verpflichtung zum Schutz für die Beherrschten verbunden ist, hat die Grundherrschaft, die für über ein Jahrtausend die Regelform der bäuerlichen Wirtschafts- und Sozialverfassung bleibt, durchaus auch Vorteile für die bäuerlichen Hintersassen gehabt. Im Laufe des Hochmittelalters zeigt sich jedoch immer deutlicher, daß die Vorteile wirtschaftlicher Existenzsicherung, der Rechtssicherheit und der Befreiung vom Kriegsdienst langfristig sehr teuer bezahlt werden, nämlich mit dem merklichen sozialen Abstieg der Bauern und ihrem weitgehenden Ausschluß von der Gestaltung der öffentlichen Angelegenheiten.

Der Mehrheit der Bevölkerung sind somit politische Befugnisse im engeren Sinne während des Mittelalters und der frühen Neuzeit versagt geblieben. Daraus zu schließen, daß es grundsätzlich keine freiheitliche Wirkungsmöglichkeit gegeben hätte oder daß der Geist der Mitverantwortung des einzelnen in öffentlichen Angelegenheiten erloschen wäre, wäre freilich verfehlt. Auch für das Verhältnis zwischen dem Grundherrn und der bäuerlichen Genossame gilt vielmehr der mittelalterliche Verfassungsgrundsatz des Dualismus zwischen Herrschaft und Genossenschaft, und was die Gestaltung der jeweiligen lokalen Lebensverhältnisse angeht, so bleiben genossenschaftliche Verfassungsvorstellungen auch durchaus lebendig. Das gilt insbesondere für diejenigen Gebiete, in denen sich ein reiches, selbstbewußtes Bauerntum entwickelt, wo der Grundzins angesichts des Geldwertschwundes nur mehr symbolischen Charakter hat oder wo – wie in den meisten geistlichen Grundherrschaften – von politischem Druck oder starker wirtschaftlicher Belastung keine Rede sein kann.

Eine deutliche Verbesserung der wirtschaftlichen und sozialen Lage der Bauern ergibt sich während des 12. und 13. Jahrhunderts durch den Landausbau, die Entstehung des Städtewesens und die Ostsiedlung – aufgrund der Beteiligung slawischer Adliger und westeuropäischer Bauern und Bürger eine europäische Gemeinschaftsleistung, freilich unter besonderer Beteiligung der Deutschen. Was hier innerhalb verhältnismäßig kurzer Zeit an Rodungs- und Aufbauleistung erbracht worden ist, erscheint im nachhinein kaum vorstellbar: Zwischen 1140 und 1350 wird das deutsche Siedlungsareal fast verdoppelt. Angesichts der Leistungsfähigkeit der Siedler erscheint es zunächst verwunderlich, daß sich ausgerechnet in diesen Gebieten die Lage der Bauern seit dem 14. Jahrhundert ständig verschlechtert und schließlich in weiten Teilen des Neusiedellandes an die Stelle der Grundherrschaft die Gutsherrschaft tritt, der Bauer auf den Status des Tagelöhners herabsinkt. Der Grund für diese Entwicklung liegt darin, daß die »gewachsenen« Rechte der Bauernschaft hier nicht so bedeutsam sind, umgekehrt aber Fürsten und Adel über mehr Möglichkeiten verfügen als im Altsiedelland.

Noch uneinheitlicher stellt sich die Gesamtlage dadurch dar, daß sich in weiten Teilen Europas, nämlich in ganz Nordeuropa (Skandinavien und Island) sowie in bestimmten Gebieten Mittel- und Westeuropas (im niederländischen und nordwestdeutschen Küstenraum, im westlichen Alpengebiet und auf den britischen Inseln) ein freies Bauerntum hält, das in rechtlicher, sozialer, wirtschaftlicher und politischer Hinsicht seine volle Unabhängigkeit behauptet und eben deshalb auch zu allen öffentlichen Leistungen einschließlich Kriegsdienst verpflichtet ist. In all diesen Gebieten setzt sich die Grundherrschaft entweder nur teilweise oder überhaupt nicht durch; im letzteren Fall spielt folgerichtig dann der Adel nur eine geringe oder gar keine Rolle.

Um so eindeutiger zeigt sich eben hier die staatsbildende Kraft des europäischen Bauerntums, so etwa am Beispiel der Schweizer Eidgenossenschaft, der Republik Island, der friesischen Lande, der dithmarscher Bauernrepublik, der holländischen Generalstaaten. Überall wird hier das staatliche Leben nach den Grundsätzen genossenschaftlicher Selbstbestimmung organisiert, und es ist gewiß kein Zufall, daß die moderne rechtsstaatliche und demokratische Entwicklung gerade aus diesen Regionen entscheidende Impulse erhalten hat. Mehr noch: Der Genossenschaftsgedanke des alten Europa, wie er etwa in England, der Schweiz, den Niederlanden, später in Nordamerika, ferner im gesamten europäischen Städtewesen bewahrt wird, muß geradezu als eine der wichtigsten Voraussetzungen – neben dem calvinistischen Widerstandsdenken und dem Ideengut der Aufklärung – für die Entstehung des modernen Verfassungsstaates und der demokratischen Staatsform angesehen werden.

Wenn unsere heutige Kulturlandschaft, die an die Stelle der ursprünglichen Wald- und Sumpflandschaft getreten ist, im wesentlichen eine Leistung der mittelalterlichen Bauern darstellt, so ist das seit dem elften Jahrhundert aufkommende Städtewesen von Anfang an eng mit dem neuen Stand des Bürgertums verbunden, das in den folgenden Jahrhunderten den weitaus größten Beitrag zur modernen Kultur leisten sollte. Vorwiegend aus dem Bauerntum hervorgegangen, aber mit beträchtlichem adligen Einschlag in seinen patrizischen Oberschichten, übernimmt dieser Stand von vornherein die wirtschaftliche, seit dem 13./14. Jahrhundert die geistige und seit dem 18. Jahrhundert schließlich auch die politische Führungsrolle. Wieder fällt auf, daß sich zuerst im germanisch-romanischen Grenzbereich, also im eigentlichen Kernraum des Abendlandes, ein lebenskräftiges und selbstbewußtes Bürgertum entwickelt, doch stehen andere Gebiete – vor allem Oberitalien, Süddeutschland und der Ostseeraum – dem bald in nichts nach. Zu den bedeutendsten bürgerlichen Zentren gehören damals unter anderem die Städte Brügge, Köln, Nürnberg und Mailand sowie, allen voran, Lübeck und Venedig – zwei Orte, die gleichsam symbolhaft die nördliche und die südliche Variante der europäischen Stadt in charakteristischer Ausprägung verkörpern.

Ähnlich wie beim Bauerntum sind auch im Städtewesen überall genossenschaftliche Verfassungsformen zu beobachten. Bereits die Schwurgenossenschaft (*coniuratio*), die häufig unter Beteiligung des Adels als Gründungskonsortium auftritt und im Sinne unternehmerischen Risikos Planung und Aufbau der neuen Stadt leitet, wird als Gemeinschaft tätig; aus diesem Kreis gehen in der Regel die »ratsbürtigen Familien« des Patriziats, also die politische, wirtschaftliche und gesellschaftliche Führungsschicht der Stadt, hervor. Die Bürgerschaft in ihrer Gesamtheit begreift sich nicht nur als politische Gemeinschaft, sondern auch als Kult-, Wirtschafts- und Wehrgemeinschaft. Politische Grundsatzentscheidungen werden gemeinsam gefaßt, gemeinsam durchgesetzt und gemeinsam verantwortet, wobei sich der Grad der Mitwirkung des einzelnen nach der jeweils erbrachten Leistung für die Allgemeinheit richtet. Umgekehrt wird als selbstverständlich vorausgesetzt, daß erhöhte politische Entscheidungsbefugnis, größere wirtschaftliche Leistungsfähigkeit und höheres gesellschaftliches Prestige entsprechenden Einsatz in öffentlichen Angelegenheiten, insbesondere in steuerlicher und militärischer Hinsicht, bedingen. So wird, um ein Beispiel aus den Seekriegen der Hansestädte anzuführen, das mit Bürgermeister und Ratsmitgliedern bemannte Flaggschiff in der Regel an den jeweiligen Brennpunkten des Gefechts eingesetzt.

Dieses im Grundsatz genossenschaftliche, intern jedoch nach Leistungswillen und Leistungsvermögen abgestufte System kehrt in allen möglichen Bereichen des politisch-gesellschaftlichen Lebens in immer neuen Varianten wieder, so etwa im bürgerlichen Zunft- und Gildewesen oder auch in den großen überregionalen Städtebündnissen, von denen die Hanse und der lombardische Städtebund die bekanntesten sind. Das Prinzip der Kombination von Einzelleistung und Gemeininteresse erweist sich als äußerst wirkungsvoll: Jahrzehntelang vermögen die lombardischen Städte unter der Führung Mailands der geballten Kraft des Imperiums zu trotzen, und jahrhundertelang behauptet das norddeutsche Bürgertum mit der Hanse seine wirtschaftliche, teilweise auch die politische und kulturelle Führungsposition in ganz Nordeuropa.

Fast allen bisher betrachteten Erscheinungen des mittelalterlichen Staats- und Gesellschaftslebens ist gemeinsam, daß sie sich in das Prinzip des *Ordo* einfügen lassen, letztlich diesem Prinzip verpflichtet sind. Bereits seit dem zwölften Jahrhundert treten jedoch wiederholt Personen und Phänomene in Erscheinung, die die Heraufkunft von etwas Neuem, Andersartigem erahnen lassen. Der Stauferkaiser Friedrich II. gehört zu diesen Personen oder – um ein Beispiel aus einer ganz anderen Sphäre zu nennen – der Venezianer Marco Polo. In beiden werden noch andere Triebkräfte wirksam als bei ihren Zeitgenossen: persönlicher Wagemut anstelle der Achtung vor überkommenen Grenzen, empirische Tatsachensicherung anstelle von Respekt vor Autoritäten. Der sizilische Normannenstaat überwindet die traditionellen Grundsätze des mittelalterlichen Gemeinwesens ebenso wie der von ihm in mehrfacher Hinsicht beeinflußte preußische Ordensstaat; beide basieren nicht mehr auf Personenverbänden oder konkreten Gruppeninteressen, sondern auf abstrakten Prinzipien: dem Grundsatz der Rationalität und der Effizienz, der »Idee« des Dienstes, dem Prinzip von Befehl und Gehorsam. In Salerno, Bologna, Paris und Oxford, später in Prag, Wien und Heidelberg werden die ersten Stätten wissenschaftlicher Forschung gegründet, die sich zunächst noch im Rahmen des vorgegebenen *Ordo* bewegt und doch schon darüber hinausweist.

Die Jahrhunderte der Entstehung Europas sind zugleich diejenigen einer geistigen und politischen Spaltung des Kontinents. Neben der abendländisch-lateinischen entwickelt sich während des Mittelalters die griechisch-orthodoxe Kultur, die ganz Ost- und Südosteuropa bis in die Gegenwart hinein geprägt hat. Noch die sehr unterschiedliche Entwicklung der Völker des ehemaligen Ostblocks, die Vorgänge beim Zerfall Jugoslawiens und die neue Grenze der EU nach der Osterweiterung im Jahre 2004 lassen die Bruchlinie erkennen, die sich in Nord-Süd-Richtung durch Europa zieht. Sie verläuft genau auf der Grenze zwischen dem West- und dem Oströmischen Reich, die bei der endgültigen Reichsteilung des Jahres 395 entstanden war. Das Gebiet der heutigen Staaten Italien, Slowenien und Kroatien gehört seither zum Westen, Griechenland, Mazedonien, Serbien und Bulgarien hingegen zum Osten. Nach der Christianisierung der slawischen und germanischen Völker verlängert sich diese Grenze nach Norden, da Rumänen, Russen, Weißrussen und Ukrainer von Konstantinopel aus, Deutsche, Ungarn, Polen, Tschechen, Slowaken, Balten und Finnen von Rom aus missioniert werden. Seither teilt sich Europa etwa entlang der Linie Save – Karpathen – Bug – Peipussee – Narwa in einen lateinisch-germanisch-westslawisch und einen griechisch-ostslawisch geprägten Raum.

Die Geistes- und Verfassungsentwicklung des Westens hat sich im Osten und Südosten des Kontinents nicht entfalten können. Im oströmisch-byzantinischen Reich, das die angreifenden Germanen und Slawen im wesentlichen abzuwehren vermag, verhindern die streng hierarchischen Machtstrukturen des überkommenen Kaisertums freiheitliche Entwicklungen, wie sie vor allem unter germanischem Einfluß im Abendland vor sich gehen. Auch von einer kirchlichen Eigenständigkeit kann im Osten keine Rede sein, da der Kaiser zugleich Oberhaupt der griechisch-orthodoxen Kirche ist (»Cäsaropapismus«) und daher – anders als im Westen – die weltliche Macht das religiöse und geistige Leben weitgehend bestimmt. Auch nach dem Untergang des Oströmischen Reiches ändern sich diese Verhältnisse nicht grundlegend. An die Stelle Konstantinopels tritt Moskau als »Drittes Rom«; nicht nur der Titel der Herrscher des mächtig expandierenden Rußlands entspricht dem der alten Kaiser (»Zar« = »Caesar«), sondern auch die geballte Macht, über die sie im Gegensatz zu mittel- und westeuropäischen Fürsten verfügen. Freiheitliche Verfassungen im westlichen Sinne, so etwa ständische Mitbestimmung, kirchliche Autonomie, bürgerliche Gestaltungskraft oder eigenständige Universitäten, entwickeln sich im griechisch-orthodoxen Teil des Kontinents nicht. Durch die Invasion der Mongolen, die seit 1240 für rund zweihundert Jahre große Teile Rußlands beherrschen, und durch das Vordringen der Türken auf dem Balkan seit dem Ende des 14. Jahrhunderts bricht auch die äußere Verbindung dieser Gebiete zum Westen für längere Zeit ab.

IV Die Renaissance

Die Einheit Europas im Mittelalter beruhte vor allem auf der Geschlossenheit der christlichen Kultur und dem ständischen Aufbau der gesamten Gesellschaft, deren führende Schicht, der germanisch-romanische Adel, über die verschiedenen Ländergrenzen hinweg zusammenwirkte. Im Investiturstreit zerbrach diese Einheit; Kaisertum und Papsttum schwächten sich gegenseitig. Der Ausrottung des staufischen Hauses entspricht die »babylonische Gefangenschaft der Kirche« in Avignon. Machtverlust und Schwäche der zweiten mittelalterlichen Universalmacht wurden hierdurch auch dem gläubigsten Zeitgenossen anschaulich vor Augen geführt.

Gleichzeitig verweist der Umstand, daß das Papsttum hier unter dem »Schutz«, eher aber unter der Aufsicht des französischen Königs lebt, auf diejenigen Kräfte, die nun seit dem Ausgang des Mittelalters immer stärker das Gesicht der Neuzeit prägen. Immer bewußter kristallisieren sich als Ausdruck politischer, geographischer und kultureller Gemeinsamkeiten jene Gebilde heraus, die wir heute als Nationen bezeichnen. Der sich langsam herausbildende Pluralismus der europäischen Mächte erklärt sich sicher zunächst vor allem aus ethnischen Vorgegebenheiten. Er erwächst aber nun zunehmend auch aus den unterschiedlichen Formen, in denen das Verhältnis zwischen geistlicher und weltlicher Macht sowie die Beziehung zwischen Herrscher und Adel geregelt werden.

Die Anfänge des neuzeitlichen Europa begegnen uns nicht zufällig gerade in Italien, das nach der römischen Antike nun zum zweiten Mal als »Wiege« des modernen Europa bezeichnet werden kann, ideengeschichtlich (hier wurzeln die Anfänge der Aufklärung) und kulturgeschichtlich (hier werden die künstlerischen Formen entwickelt, die die übrigen europäischen Länder bald übernehmen: in der Dichtkunst zum Beispiel das Sonett oder die Novelle; in der Musik zum Beispiel die Oper; in Architektur und Malerei zum Beispiel Kuppel, Grabmal, Porträt oder Perspektive).

Beträchtliche Teile Norditaliens gehören zum Heiligen Römischen Reich. Mittelitalien untersteht teilweise dem Papst. Ein Zweig der französischen Dynastie Anjou beherrscht mit dem Königreich Neapel große Teile Süditaliens. Aber innerhalb dieser Herrschaftsbereiche gibt es zahllose eigenständige staatliche Gebilde und Dynastien, die sich dem Herrschaftsanpruch der größeren Mächte entziehen und ihre eigene Politik betreiben. Hier entfaltet sich deshalb jenes europäische Gesetz der »Einheit in der Vielfalt« während der Renaissance geradezu modellhaft für die übrigen europäischen Staaten. Angesichts der politischen Zerrissenheit und Ohnmacht der vielen kleinen italienischen Staatsgebilde erscheint Einheit zunächst als lebendige Gemeinschaft in Kultur und Sprache. Im Bewußtsein der Sprache als gemeinsamem Fundament äußern hier schon früh gerade die Dichter Dante und Petrarca ein neues Lebensgefühl, das im folgenden nicht nur Italien, sondern bald ganz Europa erfaßt.

Als einer der entscheidenden, wenn auch nicht frühesten Impulse für die Renaissance gilt die Eroberung Konstantinopels durch die Türken im Jahr 1453. Nun lernt man in Italien, wo ohnehin die römische Antike vielerorts ungebrochen lebendig ist, durch die aus dem Osten flüchtenden Griechen erstmalig auch unmittelbar die griechische Antike kennen. In einer bis dahin unbekannten Selbstverständlichkeit und in einem alle Volksschichten ergreifenden Aufschwung betrachtet man nun die griechisch-römische Antike als Vorbild und gleichzeitiges Ideal der eigenen Zeit. Renaissance bedeutet Wiedergeburt – nicht nur als Wiedererstehen oder Nachahmung des klassischen Altertums, sondern darüber hinaus als Erneuerung aus seinem Geist, als Regeneration der Gegenwart, in der im antiken Sinne Mensch, Staat, Kunst und Wissenschaft eine Symbiose eingehen. Antikes Vorbild, Rationalität des Denkens, Autonomie des menschlichen Individuums – mit diesen drei Prinzipien kann andeutungsweise das Wesen dieser Zeit beschrieben werden. Als Trennungslinie zwischen Mittelalter und Renaissance gilt hierbei das Bewußtsein der Menschen, das nun nicht mehr von mittelalterlicher Endzeiterwartung lebt, sondern sich einer neuen Zeit zugehörig weiß. Dies Bewußtsein trennt diese Renaissance von allen bisherigen Renaissancen, zum Beispiel der karolingischen oder ottonischen, die einen Bruch mit der vorangehenden Zeit gerade nicht kannten: Zwischen dem Ende der Antike und ihrer Wiedergeburt, der Renaissance ein Jahrtausend später, liegt nun nach Ansicht der Zeitgenossen wie ein dunkles Tal zwischen zwei leuchtenden Erhebungen das Mittel-Alter, eine Zeit tiefsten, barbarischen Verfalls. Diese Einteilung der europäischen Geschichte in drei große Epochen hat sich bis heute im wesentlichen gehalten, wobei freilich die Bewertung der jeweiligen Epoche durchaus Wandlungen unterlag.

In der politischen Wirklichkeit entwickelt sich während der Renaissance in Italien eine Vielfalt von Staatsgebilden und -formen, mehr oder weniger in bewußter Anlehnung an die Antike. Da gibt es Stadtstaaten wie Florenz, Venedig, Genua, Lucca und Siena, deren plötzlicher Aufschwung in Norditalien sich zunächst aus der Schwäche der bisherigen Universalmächte Kaiser und Papst erklären läßt und sich nun im Drang zu äußerer Unabhängigkeit, im Inneren in der Hochschätzung der Freiheit dokumentiert. Freiheit wird hier verstanden als ständiges Arbeiten an der Verfassung, als möglichst großer Spielraum des Individuums und als aktive Teilnahme jedes Bürgers am Leben der Gemeinschaft durch wechselnde Beschäftigung in der Verwaltung, den öffentlichen Ämtern, durch kritische Begutachtung von künstlerischen Wettbewerben und architektonischen Entwürfen. Gerade Florenz aber, die »wichtigste Werkstätte des modernen europäischen Geistes« (Jakob Burckhardt), das »Athen der Renaissance«, erlebt, ähnlich wie das perikleische Athen, seine kulturelle Blüte in einer

Zeit, als es, formal zwar eine Republik, in Wahrheit aber der Herrschaft der Medici-Dynastie untersteht. Auch die zweite mächtige Republik, Venedig, ähnelt mit ihrer seit 1297 streng abgeschlossenen Aristokratie, die gleichzeitig als geschulte Regierungsschicht erscheint, eher der römischen Adelsrepublik als einer demokratischen Republik der Gegenwart. Es wiederholt sich hier die antike Erfahrung, daß republikanische Staatswesen oft ihre höchste Blüte gerade in der Führung einer starken Einzelpersönlichkeit oder Gruppe erleben, sofern letztere eine echte Elite darstellt.

Den Gegensatz zu solchen Republiken bilden die Signorien, Fürstentümer, die von dem höchst individuellen Lebens- und Regierungsstil des jeweiligen Tyrannen geprägt werden. Vor allem das glänzende und skrupellose Geschlecht der Visconti in Mailand zeigt sowohl im täglichen Leben als auch in den Fernzielen typische Renaissancezüge. Sicher spiegelt sich in den Expansionsgelüsten Mailands der ungehemmte Machtinstinkt gerade dieser Zeit. Aber in den Plänen, nicht nur Oberitalien der mailändischen Herrschaft zu unterwerfen, sondern ganz Italien als einheitliches Staatsgebilde unter einem mailändischen Königtum zu vereinigen, spricht – ähnlich wie dann bei Machiavelli – auch das Bewußtsein, daß Italien über aller politischen Zerrissenheit eine geschichtlich-geistige Einheit besitzt, die nun auch zur politischen Einheit werden soll.

Viele Gründe tragen dazu bei, daß diese Einheit nicht erreicht wird. Das Haus Habsburg und Frankreich verhindern solche Versuche aus ihrem jeweiligen Interesse an Herrschaft und Einfluß in Italien. Aufs Ganze gesehen greifen sie jedoch zunächst im 15. Jahrhundert, der Blütezeit der italienischen Renaissance, wenig in die italienische Politik ein, so daß sich hier die verschiedenen politischen Modelle und der dazugehörige geistig-kulturelle Rahmen einigermaßen ungestört von äußeren Eingriffen entfalten können. Freilich verläuft diese Entwicklung keineswegs ruhig, wenn man die zahlreichen Kriege zwischen den italienischen Staaten betrachtet. Denn ähnlich wie das Interesse der Großmächte steht auch das Machtinteresse der verschiedenen italienischen Staatsgebilde einer solchen »Einigungspolitik« entgegen. Jeder Staat sieht sich bei entsprechenden Versuchen der Front aller anderen Staaten gegenüber. Teils unter dem Vorwand, teils mit dem berechtigten Argument, mit solchen Plänen werde die Freiheit unterdrückt, widersetzen sich die vielen kleinen Staaten so lang wie möglich allen Einigungsversuchen.

Am deutlichsten wird dies angesichts der Expansionspläne Mailands. Vor allem das republikanische Florenz leistet bis zuletzt erfolgreich Widerstand gegen die Politik Mailands; gegen Monarchie und »Einheitsstaat« propagiert es die Prinzipien der Unabhängigkeit der Einzelstaaten, der geistigen und kulturellen Vielfalt, die nur auf der Grundlage der Freiheit und in freiem Wettstreit gedeihen. Am Ende dieser Kriege haben sich in Italien fünf größere Staaten konsolidiert: Mailand, Florenz, Venedig, der Kirchenstaat und Neapel. In diesen fünf Staaten sind die drei traditionellen Grundformen staatlicher Verfassung, Monarchie, Aristokratie und Demokratie, in charakteristischer Ausprägung oder auch Mischung verwirklicht. Im klaren Bewußtsein ihrer Unterschiedlichkeit folgen diese Staaten seit dem Frieden von Lodi 1454 aber der Einsicht in die Notwendigkeit einer Gleichgewichtspolitik, wie sie erstmalig von Cosimo Medici vertreten wird. Wechselnde und elastische Bündnisse sind deshalb in dieser Zeit das Gegengewicht gegen jeden Versuch, eine schon vorhandene starke Herrschaft auf weitere Gebiete auszudehnen. Insofern erscheint während des 15. Jahrhunderts im kleineren italienischen Rahmen das Urbild des späteren Europa: Fünf souveräne, ihrer Eigenart bewußte Staaten wetteifern untereinander in der Verfolgung eigener Interessen, arbeiten aber auch in gemeinsamen Aufgaben zusammen und bilden so trotz aller Unterschiede eine eng verflochtene Gruppe – Vorspiel und Parallele zum Staatensystem des neuzeitlichen Europa.

Es erscheint ferner geradezu wie ein »Grundmuster« europäischer Mächtekonstellationen, wenn sich hier im Widerstand gegen die hegemonialen Absichten eines dieser Staaten jeweils eine geschlossene Koalition der anderen Mächte bildet, die gerade in diesem Widerstand oft erst ihre eigene Form finden. Die Parallelentwicklung, in der sich einerseits die Eigenständigkeit verschiedener Nationen, andererseits das Zusammenwirken innerhalb eines Staatensystems herausbildet, läßt sich in der Folgezeit immer wieder beobachten. Wie zum Beispiel in der Zeit Ludwigs XIV., in den napoleonischen Befreiungskriegen oder auch noch gegen Hitler wenden sich europäische Koalitionen stets erneut gegen die Hegemonieanprüche einer einzelnen Nation.

Gleichzeitig wird eine weitere Parallele zwischen dem europäischen Modell der italienischen Staaten und dem neuzeitlichen Europa deutlich: Ähnlich wie jene Staatsgebilde seit dem 16. Jahrhundert von den europäischen Großmächten in den Schatten gestellt werden, die Italien zum Kriegsschauplatz und Ort ihrer Auseinandersetzung machen, wird das Konzert dieser europäischen Großmächte beendet, als im 20. Jahrhundert die Weltmächte USA und Rußland die Geschicke Europas zu bestimmen beginnen.

Ebenso wie der Staat in der Renaissance sein individuelles Bewußtsein entwickelt und damit den Weg zur Nation einschlägt, entdeckt sich nun auch das menschliche Individuum als unverwechselbare Einzelpersönlichkeit. Die Biographien und Porträts dieser Zeit suchen erstmalig seit der Antike in der genauen Wiedergabe der äußeren und inneren Züge die Einmaligkeit des bedeutenden einzelnen zu zeichnen. Dem *uomo singolare,* dem Menschen, der dem eigenen Gesetz, der eigenen Einsicht folgt und der sich selbst das Maß ist, gilt die Bewunderung der Zeitgenossen.

Entsprechend dieser Hochschätzung der Persönlichkeit zeigen die führenden Männer dieser Zeit einen besonderen Leistungswillen sowie ein auffälliges Streben nach Auszeichnung und Ruhm. Das agonale Prinzip, »der erste zu sein vor den anderen«, spricht ähnlich bei dem Dichter Dante, der sich »als erster auf seinen Bahnen« bezeichnet, wie bei dem Condottiere Franz Sforza, der als Emporkömmling ohne Rücksicht auf Stand oder legitime

Geburt alles, was er besitzt, nur seiner Begabung verdankt: glänzenden Kriegsruhm oder gar ein Fürstentum. In dieser Zeit hat fast jede Begabung die Möglichkeit, durch Leistung aufzusteigen, und die in manchen Fällen, zum Beispiel bei Leonardo oder Tizian, fast schon fürstliche Stellung, die dem sonst eher als Handwerker eingeschätzten Künstler bereitwillig zugestanden wird, legt hierfür ein anschauliches Zeugnis ab. So betont die Erziehung an Höfen, Akademien, städtischen Schulen, in Kanzleien und Familien nicht Standesunterschiede, wohl aber den Sinn für Rang und Würde, für das persönliche Verdienst, Bildung und individuelle Leistung, dank derer dann sehr wohl Abstufungen innerhalb der Gesellschaft gesehen werden. »Adel« heißt demnach seit Dante *nobilità,* durch Bildung, nicht durch Geburt erworbener sittlicher und geistiger Vorrang. In diesem Zusammenhang erscheinen kleinere Fürstenhöfe wie Mantua oder Urbino durchaus als Vorbilder der Gesellschaft, als Zentren des Adels im Danteschen Sinn. Zwar zeugen auch die Kellerverliese im Herzogspalast in Ferrara von brutaler Skrupellosigkeit im Umgang mit mißliebigen Gegnern. Aber wenige Stockwerke darüber pflegt man gerade hier ein durch Mäzene, Fürsten und Künstler geprägtes Lebensideal der vornehmen Kultiviertheit und geistigen Lebendigkeit, das sogar von den Stadtrepubliken nachgeahmt wird.

Infolge dieser Hochschätzung des begabten und leistungsfähigen Individuums kann selbst der Tod an Gewicht verlieren. Auf den Grabmälern dieser Zeit scheint der Tote manchmal eher leicht zu schweben als im Todesschlaf zu ruhen. Hier wird der Tod nicht in christlicher Transzendenz, sondern im Sinne des Humanismus durch das in seinem Ruhm weiterlebende Individuum überwunden.

Neben der Reihe großer Männer, neben Künstlern, Politikern, Wissenschaftlern und Kriegern, spiegeln zahlreiche bedeutende Frauen das Ideal des *uomo singolare* auf ihre Weise. Die Auffassung von der Gleichwertigkeit und -rangigkeit der Geschlechter führt konsequent dazu, daß Mädchen nicht selten die gleiche geistige und musische Erziehung erhalten wie die Jungen. Frauen wie

Isabella d'Este in Mantua, Elisabetta Gonzaga in Urbino oder Vittoria Colonna verkörpern die gebildete, individuell entwickelte, geistig und körperlich gleich anziehende Frau, die für die entsprechend ausgebildeten Männer meist nicht nur die adäquate Gesprächspartnerin darstellt; oft wird sie als Einladende, Gastgeberin oder Initiatorin geistiger und künstlerischer Leistungen zum Mittelpunkt der Gesellschaft vor allem der Fürstenhöfe, die auf solche Weise nicht selten zu »Musenhöfen« werden.

Die allgemeine Übereinstimmung hinsichtlich einer als vorbildlich empfundenen Lebensform führt nun dazu, daß mit der Zeit neben das Ideal des *uomo singolare* das des *uomo universale* tritt. Denn neben dem realistischen und häufig amoralischen Blick für das Individuelle besitzt dieses Zeitalter einen ausgeprägten Schönheitssinn, der notwendig zu einer starken Betonung des allgemein Gültigen und Verbindlichen führt. Charakteristisch für diese Zeit erscheint nun aber, daß sich das Ideal des *uomo universale* oft gerade in den großen Individuen verkörpert: Alberti, Giuliano und Lorenzo Medici oder Leonardo repräsentieren zum Beispiel dieses Ideal, jeder auf seine Art, in unverwechselbarer Form.

Literarisch gibt Castiglione diesem Ideal in seinem *Cortegiano* die allgemein anerkannte Form: Das Individuum, das seine eigenen Fähigkeiten allseitig ausbildet und damit dem gesellschaftlichen Ideal entspricht, wird zum gesellschaftlichen Idealmenschen, in dem sich sportliche Fähigkeiten in allen Disziplinen, Beherrschung zahlreicher Sprachen, Kenntnisse und Fähigkeiten in den Bereichen Literatur, Musik und bildende Kunst mit gesellschaftlichem Anstand, vornehmer Selbstbeherrschung und zwangloser Anmut paaren. Pico della Mirandola formuliert dieses Menschenbild in seiner Rede über die »Würde des Menschen«: »Du allein hast eine Entwicklung, ein Wachsen nach freiem Willen, du hast Keime eines allartigen Lebens in dir.« Die allseitig gebildete Persönlichkeit, in der Seele und Verstand, Geist und Geschmack, intellektuelle und körperliche Tüchtigkeit zur Einheit verschmelzen, gilt nicht nur im Italien der Renaissance als allgemein anerkanntes Ideal.

Unter anderem als Folge dieses Ideals begegnet eine erstaunliche Mobilität innerhalb der europäischen Adelsschichten. Spanische Offiziere befehligen deutsche Soldaten, Italiener werden Kanzler am burgundischen Hof, Niederländer Hofmaler in Urbino. Wer sich dem universalen Ideal des *Cortegiano* verpflichtet fühlt, kann überall dienen, zumal man weniger für »abstrakte« Ideen wie Freiheit oder Vaterland kämpft, sondern persönliche Bindungen über Einsatz und Karrierechancen entscheiden.

Auf den Gebieten der Wissenschaft und Kunst äußert sich das neue Lebensgefühl in einer unübersehbaren Fülle von neuen Entdeckungen, Wandlungen, Techniken und Zielen. So wird in der Architektur die alte kreuzförmige Basilika – mit ihrer Ausrichtung auf den Altar und ihrer seit der Gotik üblichen Betonung der Höhe ein Abbild der christlichen Ausrichtung auf das Jenseits – durch den kuppelgekrönten Zentralbau abgelöst. Dieser Bau zeigt auf dem Grundriß des griechischen Kreuzes und des Kreises als dem Inbegriff der Vollendung und Harmonie eine Geschlossenheit und Ausgewogenheit in Höhe und Breite, die dem menschlichen Ideal der Zeit, dem in sich ruhenden Individuum genau entsprechen. Als Symbol dieser Zeit insgesamt kann daher der Abbruch der alten konstantinischen Basilika St. Peter gelten, an deren Stelle ab 1506 mit dem später durch Michelangelos Kuppel gekrönten Zentralbau begonnen wird. Dieser Bautyp setzt sich zwar nördlich der Alpen kaum durch. Aber hier zeigt die nun bevorzugte Hallenkirche, anstelle der in hierarchisch bedingten Abstufungen gebauten Basilika, einen einzigen großen Raum, dessen Inneneindruck statt durch das mystische Licht der mittelalterlichen bunten Glasfenster durch ungehindert einströmendes Licht, durch Weite und Helligkeit bestimmt wird.

Ähnlich sucht die Plastik, oft von antiken Funden inspiriert, den frei im Raum stehenden menschlichen Körper zu modellieren, in dem sich Kraft, Harmonie, Selbstbewußtsein und Energie zu einem neuen ästhetischen Ideal vereinen.

In der Malerei vollbringt die Renaissance vielleicht ihre bedeutendsten Leistungen. Seit Giotto beginnt man Körper plastisch zu malen, Proportion und Perspektive werden wissenschaftlich erforscht und schließlich vollendet beherrscht. Vor allem ist es auch hier bald der nackte menschliche Körper, dem das durch genaue anatomische Untersuchung unterstützte Studium der Maler gilt. Die eigentümliche Verbindung, die gerade in der Malerei antikes Vorbild, christliche Tradition und neues Lebensgefühl eingehen, wird zeichenhaft zum Beispiel in der *Camera della Segnatura* deutlich, die Raffael im Vatikan ausmalt. Hier erscheinen auf der einen Wandseite, der Schule von Athen, antike Philosophen mit den Porträts zeitgenössischer Künstler als gleichwertige Gesprächspartner gegenüber der auf der anderen Wandseite dargestellten *Disputà,* der Versammlung aller christlichen und kirchlichen Autoritäten, die teilweise ebenfalls zeitgenössische Porträts zeigen.

Entsprechend dem Ideal des *uomo universale* sind die großen Künstler dieser Zeit häufig auch bedeutende Wissenschaftler. Leonardo erscheint insofern vielleicht als die eindrücklichste Verkörperung des *uomo universale.* Auch in der Wissenschaft zeitigt das Vorbild der Antike unübersehbare Fernwirkungen. Kopernikus beruft sich bei seinen astronomischen Studien zum Beispiel auf Aristarch von Samos, der bereits die Kugelgestalt der Erde entdeckte, Galilei auf Archimedes. Die Entdeckung der Kreisbahn der Himmelskörper ist aber nicht nur physikalisch bedeutsam. Sie führt zu einem neuen Menschen- und Weltbild und erfüllt schließlich auch eine ästhetische Forderung: Die Kugelgestalt der Erde und die Kreisbahn der Gestirne entsprechen dem Sinn des »schönen« Kosmos. Darüber hinaus legt diese Entdeckung aber auch Zeugnis ab für die Freiheit des menschlichen Denkens, wie es Kopernikus selbst ausdrücklich dem Papst gegenüber erklärt.

In diesem Zusammenhang erscheinen die Entlarvung der Konstantinischen Schenkung durch Lorenzo Valla und die Herausgabe des Neuen Testaments in griechischer Sprache durch Erasmus als Ausflüsse desselben Geistes, der sich vorurteilslos über jede

Überlieferung hinwegsetzt und den ursprünglichen Gehalt von Fälschung oder Verfälschung zu befreien und somit zu erneuern sucht. Alle Gebiete der Wissenschaft, Medizin, Naturwissenschaft, Astronomie, Philologie und so weiter geraten in Bewegung in bewußter Abkehr von mittelalterlicher Überlieferung, auf der Suche nach Erkenntnis, die sich auf rationale Beobachtung, eigenen Versuch und Experiment stützt, vom Drang getrieben, die bisher geltenden Grenzen ständig zu erweitern.

Trotz ihrer modern anmutenden Entdeckung des freien Individuums unterscheidet sich jene Wissenschaft allerdings in einem entscheidenden Punkt von der Neuzeit. Der Schritt zum agnostischen Skeptizismus wird hier nicht vollzogen. Die Naturphilosophie ist völlig beherrscht vom schönen Kosmos. Kopernikus und Kepler machen ihre Entdeckungen, eben weil sie die Harmonien retten wollen, und Kepler knüpft an die Planetengesetze lange Betrachtungen über Sphärenharmonie und platonische Körper. Rationalität und Erkenntnisdrang bewegen sich durchweg im Rahmen einer höheren geistigen Ordnung. Die – zunächst – gläubige Erkundung ihrer Grenzen führt dann freilich im folgenden zur bewußten Verletzung dieser Grenzen.

Nicht zufällig ist deshalb der historische Doktor Faustus ein Geschöpf dieser Zeit. In ihm wird nicht nur den Zeitgenossen deutlich, daß die Verbindung von Rationalität und Erkenntnisdrang gleichzeitig sowohl Teufelspakt als auch Erfüllung des göttlichen Willens und Auftrags bedeuten kann. Der Hochschätzung der menschlichen Möglichkeiten zum Guten wie zum Bösen entspringt hier eine das moderne Europa prägende Neigung zu bewußter Grenzüberschreitung.

Auf dem Gebiet der Naturwissenschaft wird dieser Prozeß mit Galilei deutlich. Die Auseinanderentwicklung von Kirche und Naturwissenschaft begründet den »modernen« Bruch zwischen Ethik und zweckfreier Wissenschaft. Das Bewußtsein dieses Bruches und radikalen Neubeginns ist bei manchen Zeitgenossen durchaus vorhanden. Anschaulich wird es in einigen von Dürers

Bildern (zum Beispiel in der hinter der »Melancholie« aufgehenden Morgenröte) und in Holbeins Darstellung des Erasmus. Erasmus trägt hier einen Ring, auf dem der römische Gott Terminus, der Gott der Grenze, abgebildet ist. Möglicherweise lassen sich auch von hierher, aus dem Bewußtsein, an einer Grenze zu stehen, das auffällige Zaudern und dunkle Zögern dieses Mannes erklären, der nördlich der Alpen in vielem als charakteristischer Vertreter seiner Zeit gilt.

In Nordeuropa wird der Geist der Renaissance vornehmlich als Humanismus wirksam. Diese besondere Form der Gelehrsamkeit widmet sich zunächst der Beschäftigung mit der antiken Literatur, dann aber – über die Forderung »Zurück zu den Quellen!« – auch dem ursprünglichen Gehalt des Christentums. Der Humanismus fördert schließlich deshalb nicht nur das philologische Studium, sondern versteht sich als Studium der Menschenbildung und -vervollkommnung, der *humanitas.* Unter diesem Zeichen bildet sich in Europa über die nationalen Grenzen hinweg eine internationale Elite, eine einheitliche Bildungsschicht mit gemeinsamen Denkformen, Bildungsidealen und oft ähnlicher Lebenshaltung, die durch Briefe und Besuche vielfältig miteinander verbunden ist. Wenn auch der nordeuropäische Humanismus, vor allem in der zarten und ängstlichen Person des Erasmus, manchmal als ein etwas blasses Echo auf das Lebensgefühl der italienischen Renaissance erscheinen mag, so finden sich doch auch hier einige ungleich vitalere Zeitgenossen: Celtis zeigt in seinem Wandertrieb, seiner steten Unruhe, freien Lebensansicht und seinem Erkenntnisdrang manche Züge der Faustgestalt, und Ulrich von Hutten spricht trotz oder gerade wegen eines ähnlich bewegten Lebens von der »Lust zu leben«.

In England schließlich entsteht das Werk Shakespeares, eine der großartigsten dichterischen Leistungen Europas. In der lebendigen Farbigkeit seiner dramatischen Gestalten spiegeln sich die großen Epochen der verschiedenen europäischen Länder und Völker von der griechisch-römischen Antike über das englische Mittelalter bis in die gesamteuropäische frühe Neuzeit, von Skandinavien über Deutschland, England und Frankreich bis zu den Mittelmeerländern, spiegelt sich die Fülle der gerade entdeckten menschlichen Möglichkeiten von der Tragik königlicher Schicksale bis zur Komik urwüchsiger Rüpelszenen, von der leidenschaftlichen Liebe Romeos und Julias bis zur »Gedankenblässe« eines Hamlet.

Der Forscher- und Entdeckergeist der Renaissance wirkt nun aber nicht nur auf geistigem, künstlerischem und wissenschaftlichem Gebiet, sondern ganz unmittelbar auch in den geographischen Entdeckungen dieser Zeit.

Die spezifisch europäische Komponente dieser Entdeckungsfahrten wird vor allem dann deutlich, wenn man den Vergleich zur arabischen oder chinesischen Welt zieht. Bis ins hohe Mittelalter ist dort die Nautik ungleich höher und weiter entwickelt als im Abendland, auch die Kenntnis von der Kugelgestalt der Erde ist bei den Arabern selbstverständlich. Dennoch hat der Islam trotz seiner missionarischen Kampfbereitschaft den Schritt über die bekannte Welt der Azoren und Madeira hinaus in den Atlantik nicht versucht, und der chinesische Kaiser ruft im 15. Jahrhundert seine gewaltige Flotte zurück, die bereits das Kap der Guten Hoffnung erreicht hat, weil China als das »Reich der Mitte« – statt seinerseits in die Welt auszugreifen – erwartet, daß die Länder der Welt ihm ihren Tribut entrichten.

Die europäischen Entdeckungsfahrten des 15. und 16. Jahrhunderts stehen dagegen in engem geistigen Zusammenhang mit der Renaissance in Europa. Wiederum geht der Anstoß für italienische, spanische und portugiesische Fahrten nach Übersee häufig von antiken Werken aus. Die schon von Ptolemäus entdeckte Kugelgestalt der Erde ist zum Beispiel die Grundlage von Toscanellis neuem Weltbild, das Kolumbus veranlaßt, den Seeweg nach Indien im Westen zu suchen. Unter kastilischer Flagge segelnd, entdeckt er 1492 Amerika, der Spanier Cortez das Aztekenreich in Mexiko, der Spanier Pizarro das Inkareich in Peru. Die Portugiesen ihrerseits besetzen Brasilien und gewinnen die Seeherrschaft im Indischen Ozean.

Wenngleich Spaniern und Portugiesen auch das hauptsächliche Verdienst an den Entdeckungsfahrten zukommt, so sind diese doch auch zugleich ein gesamteuropäisches Unternehmen. Nicht nur die nautischen Erfahrungen der Italiener, auch die in Deutschland entwickelten nautischen Instrumente und schließlich die von Angehörigen der verschiedensten Nationen vorangetriebene Segel- und Schiffbautechnik, die dann allerdings vor allem in Portugal genutzt und verfeinert wird, bedeuten wesentliche Voraussetzungen der Entdeckungsfahrten. Auch kommen die unter kastilischer, spanischer, portugiesischer, später englischer Fahne Segelnden aus fast allen europäischen Ländern. Neben wissenschaftlichen Antrieben werden für die Entdeckungsfahrten noch wesentlich andere Gründe maßgeblich. Wirtschaftliche Interessen spielen eine Rolle in den Expeditionen, die der Goldsuche, dem Gewinn seltener Gewürze oder dem Sklavenhandel dienen. Christliche Überzeugung rechtfertigt solche Fahrten oft als Unternehmungen zur Bekehrung der Ungläubigen. Persönlicher Ehrgeiz und Abenteuerlust treibt spanische Conquistadoren wie Cortez oder Pizarro an, jenseits der Meere Macht und Reichtümer zu gewinnen, die ihnen die Heimat versagt. Und schließlich spricht überall das neue Lebensgefühl, das im Streben nach Ruhm oder als agonales Prinzip über die bekannten Grenzen hinausdrängt. So unternimmt Magellan zum Beispiel seine erste Weltumseglung im Wetteifer mit dem Ruhm des Kolumbus.

Durch solche Expeditionen wird die bekannte Welt um die Wende zum 16. Jahrhundert plötzlich ungeahnt erweitert. Nachdem Spanien und Portugal, später auch die Niederlande, England und Frankreich ihre Kolonialreiche in Amerika, Indien und Südasien errichtet haben, beherrscht Europa die Weltmeere und den Welthandel. Es antwortet auf diese Entwicklung mit einem gesteigerten Selbstbewußtsein. Die vorgefundenen Hochkulturen Altamerikas, teilweise auch die Bevölkerung, werden rücksichtslos

Der Sonnenwagen von Trundholm (um 1400 v. Chr.), Rekonstruktion. Das sechsrädrige Gefährt diente wahrscheinlich kultischen Zwecken. Es stellt idealtypisch den Sonnenwagen dar, der – von Pferden gezgen – nach altem Glauben über den Himmel fährt. Die kreisrunde goldene Sonnenscheibe ist mit kunstvollen geometrischen Mustern, konzentrischen Kreisen und Spiralen geschmückt.

Athena und Marsyas. Zwischen den beiden Figuren liegt die Flöte, die Athena fortgeworfen hat, als sie feststellte, daß sich die Gesichtszüge beim Flöteblasen verziehen. Den herbeigesprungenen, pferdeschwänzigen Satyr Marsyas hindert ihre anmutig abwehrende Geste, die Flöte aufzuheben, um seinerseits darauf zu blasen. Die um 450 v. Chr. von Myron geschaffene Gruppe symbolisiert die zwanglose Überlegenheit geistiger über triebhaft animalische Kräfte.

Römische Wölfin. Die zu Beginn der römischen Republik (Ende des 6. Jhs. v. Chr.) geschaffene Bronzeskulptur führt anschaulich das Selbstverständnis Roms vor Augen: mit dem drohend geöffneten, die Zähne zeigenden Rachen aggressive Abwehrbereitschaft nach außen, mit den prallen Zitzen Schutz und Pflege nach innen. Der Schutz der Bürger nach innen und außen ist bis heute Kernaufgabe eines jeden Staates.

Die zwei mittelalterlichen Universalgewalten. Papst und Kaiser begründeten ihr Selbstverständnis aus derselben Quelle, dem Auftrag Christi zur gemeinsamen Lenkung der Christenheit. Dem Papst oblag die Sorge für das christliche Seelenheil; er besaß mit der ihm verliehenen Schlüsselgewalt die Macht, das Himmelstor zum Jenseits auf- und zuzuschließen. Die Aufgabe des Kaisers lautete: Ausbreitung des christlichen Glaubens in der Welt und Regierung der Christenheit im Diesseits. Die überreichte Fahne macht ihn gewissermaßen zum Lehnsmann Christi.

Die Aachener Pfalzkapelle. Erbaut auf römischen Fundamenten, mit antiken Säulen aus Rom und Ravenna, als Zentralbau den kaiserlichen Hofkirchen von Byzanz und Ravenna, in den Maßverhältnissen denjenigen des in der Bibel beschriebenen Himmlischen Jerusalem verpflichtet, hat der Bau als Grundriß ein Oktogon, das die ideellen quadratischen Grundrisse Roms und des Himmlischen Jerusalem verbindet. Diese bauliche Synthese aus ost- und weströmischen, germanischen, fränkischen und christlichen Elementen stellt gewissermaßen die Grundstruktur des »Europäischen Hauses« dar.

Reiterdenkmal des Bartolomeo Colleoni. Colleoni, ein Söldnerführer in venezianischen Diensten, wird von Verrocchio (gest. 1488) als »typischer Renaissancemensch« dargestellt. Das stolze Selbstbewußtsein des *Condottiere,* der Erfolg, Reichtum, politischen Erfolg und künstlerisch-wissenschaftliche Interessen nur seinem Talent verdankt, spricht ebenso aus der Körperhaltung – hoch aufgerichtet lenkt er sein Pferd mit effektvoll abgewinkeltem Ellenbogen – wie aus den hochmütigen, trotzig-verschlossenen Gesichtszügen.

Belvedere. Die Gartenseite des Schlosses, das Prinz Eugen (1663–1736) nach eigenen Vorstellungen erbauen ließ, strahlt etwas von der anspruchsvollen, zugleich liebenswürdig-heiteren Gelassenheit und der vornehmen Kultiviertheit aus, die die Faszination des Erbauers auf seine Zeitgenossen auch heute noch spürbar werden läßt.

»Der Traum der Vernunft gebiert Ungeheuer« (Francisco Goya 1746–1829). Die Doppeldeutigkeit der Inschrift des Podestes, auf dem der Schlafende seinen Kopf gebettet hat, enthält eine hintergründige Aufforderung, sich mit den selbstsicheren Ansprüchen der Aufklärung auseinanderzusetzen. Können die nächtlichen Vampire ihr Treiben beginnen, weil der Mann schläft, das heißt die Vernunft nicht wachsam ist? Oder ist es der schöne, aber utopische Traum von der menschlichen Vernunft, der letztlich bedrohliche Ungeheuer erzeugt?

Equilibre Européen (Honoré Daumier 1808–1879). Aus dem bekannten Bild der Göttin Fortuna auf der rollenden Kugel, dem Zeichen für die Unbeständigkeit des Glücks, ist hier die Personifikation Europas geworden, die entsetzt auf einer Bombe zu balancieren versucht, an deren Lunte bereits Feuer gelegt ist – ein Bild der Gefährdung und schließlichen Zerstörung des Europäischen Gleichgewichts im 19. und 20. Jahrhundert.

Europa auf dem Stier. Europa, den Kopf mit einem Tuch verhüllt, richtet die großen, fragenden Augen direkt auf den Betrachter. Mit der Rechten berührt sie leicht den kraftvollen Stier, der den Nacken und die gleichsam witternden Hörner kampfbereit gesenkt hat. Der Entwurf von Gerhard Marcks (1959) für ein bisher nicht realisiertes Denkmal erscheint wie ein Symbol für die Unabgeschlossenheit, die unterschiedlichen Erwartungen, Ängste und Kräfte, die sich mit dem Prozeß der Europäischen Einigung verbinden.

ausgerottet, bevor mit den weißen Siedlungskolonien europäische Tochterkulturen in der Neuen Welt entstehen. Europa sieht sich als kulturelles und machtpolitisches Zentrum einer vergrößerten Welt und betrachtet es als selbstverständlich, seine Herrschaftsformen und seine Religion in dieser ersten Europäisierung über die Erde auszubreiten. Diese erst im 19. Jahrhundert vollendete europäische Kolonialexpansion erscheint in der gesamten Weltgeschichte als einmaliges Phänomen, das bei allen fragwürdigen Seiten und Begleiterscheinungen, die heute oft herausgestrichen werden, die Welt in einem so grundlegenden Maße verwandelt, daß heute vielfach auch diejenigen noch ihren Nutzen daraus ziehen, die den Kolonialismus emphatisch verdammen.

Indem eine neue geistige und geographische Welt an die Stelle des mittelalterlichen christlichen Kosmos tritt, indem die Lebensatmosphäre der Bildung sich in Europa ausbreitet und mit dem Bewußtsein der Individualität sowohl des Einzelmenschen wie der Nationen verbindet, indem der moderne Staat und die moderne Wissenschaft auf den Grundlagen der Rationalität ein Ziel verfolgen, das nicht mehr der christlichen Transzendenz, sondern der Entfaltung aller menschlichen Möglichkeiten verpflichtet ist, muß diese Entwicklung die einschneidendsten Änderungen im Bereich der Kirche und des Glaubens insgesamt nach sich ziehen.

Hat schon die häufig als Entartung erscheinende Verweltlichung der Geistlichkeit, speziell des Papsttums, die Sicherheit des Glaubens innerhalb der Kirche erschüttert, so bedrängen von außen die Wiederbelebung der heidnischen Antike, eine sich ganz im Diesseits erfüllende Daseinslust der Zeit ebenso wie die vorurteilslose Wissenschaft diesen Glauben ebenfalls nachhaltig.

Am stärksten aber wird das alte Glaubensgebäude paradoxerweise nun gerade von der Seite gefährdet, von der es leidenschaftlich ernst genommen wird, von der mit Luther beginnenden Reformation. Die Reformation stellt vor allem den deutschen Beitrag zur Renaissance dar. In dieser religiösen Bewegung zeigt sich, ebenso wie in dem humanistisch-künstlerisch verstandenen Begriff der Renaissance und in den politischen Bemühungen um eine Reichsreform in Deutschland, eine die ganze Epoche durchziehende Sehnsucht nach Erneuerung der Gegenwart durch Wiederherstellung eines vergangenen Ideals. Die gleichen Antriebskräfte wie im Süden wirken auch hier im Norden: das humanistische Bestreben, *ad fontes,* zurück zu den Quellen zu gehen, um den wahren Gehalt der Schrift wiederherzustellen; das neue Selbstbewußtsein, das in der Forderung nach Freiheit des nur durch die Schrift gebundenen Gewissens spricht; die systematische Rationalität, die, auf die Spitze getrieben, sich selbst aus den Angeln hebt und in die Irrationalität mündet.

So stehen bei Luther ebenso wie bei Calvin rationale Prinzipien, die dem Geist der Renaissance verpflichtet sind, neben Zügen, die in mittelalterlicher, fast mystischer Innerlichkeit wurzeln. Ihre manchmal geradezu inhumane Konsequenz gründet ebenso in dem neuen menschlichen Selbstverständnis wie in der eher mittelalterlich anmutenden radikalen Unterordnung des persönlichen Willens unter eine höhere Forderung.

Auch Luther wünscht zunächst nur eine Reinigung und Rückbesinnung der Kirche auf ihren eigentlichen Grund. Dennoch wirkt die von ihm begründete Reformation letztlich eher als revolutionärer Neubeginn und scheint mit ihrer nördlichen, oft düsteren Strenge zunächst ganz unrenaissancehaft. Luthers, in vielem auch Calvins und Zwinglis Sündenbewußtsein, ihre Auffassung von der allein seligmachenden Gnade, die daraus abgeleitete Verdammung aller guten Werke und damit der eigenen, persönlichen Leistung, das Bild der Welt als Jammertal und die Lehre von der Prädestination fügen sich ganz und gar nicht in das bisherige Bild der Zeit. Und doch fragt auch bei Luther das Individuum in einer erst seit dieser Zeit möglichen Ichbezogenheit: »Wie bekomme ich einen gnädigen Gott?« Hier spricht das auch sonst zu beobachtende neue Selbstverständnis des einzelnen, der sich nicht mehr als Glied des mittelalterlichen Kosmos fühlt und sich in der Ablehnung jeder ungeprüften Autorität, der ausschließlichen Berufung auf »die

Quelle«, die Bibel, und im neuen Freiheitsbegriff als Mensch der Renaissance beweist. Zwar meint diese »Freiheit« bei Luther noch ganz unpolitisch die Freiheit eines jeden Christen unmittelbar zu Gott. Aber bereits bei Calvin und dann noch stärker bei den Hugenotten in Frankreich und im Konflikt der englischen Protestanten mit der Krone beweist dieser Freiheitsbegriff seine politische Brisanz, eine Brisanz, die bereits Jahrzehnte zuvor in der Person des reformatorisch eifernden Mönches Savonarola aufgeblitzt ist, dessen Wirken südlich der Alpen jedoch bezeichnenderweise nur Episode geblieben ist.

Die von Ignatius von Loyola und Spanien ausgehende Gegenreformation versucht zwar noch einmal, die Glaubenseinheit in Europa wiederherzustellen, kann auch über ein Jahrhundert hinweg beachtliche Erfolge erzielen, ihr eigentliches Ziel aber nicht erreichen. Protestantismus und Katholizismus bedeuten seither für Europa insgesamt einen weiteren Aspekt der Vielfalt in der Einheit, die Spaltung in Konfessionen innerhalb des einen christlichen Glaubens.

Im Zentrum Europas, im Deutschen Reich, hat die ursprünglich unpolitische lutherische Bewegung umwälzende politische Entwicklungen zur Folge. In Luther und Karl V. stehen sich zwei Pole gegenüber, von denen Luther eher als der eigentlich »moderne«, Karl V. in vielem als »Spätling« des Mittelalters erscheint. Zwar regiert dieser Kaiser über ein Land, »in dem die Sonne nicht untergeht«. Und sein Wahlspruch *Plus ultra!* unter dem Bild der Säulen des Herakles, den Grenzen der alten Welt, entspricht nicht nur dieser Tatsache, sondern auch in seltener Weise dem Drang dieser Zeit, die Kräfte über die einmal gesetzten Grenzen ständig hinauszusteigern. Aber in der Auseinandersetzung mit Luther handelt Karl ganz in der Tradition des Mittelalters, in der Verpflichtung, den universalen imperialen und kirchlichen Anspruch zu verteidigen gegenüber dem »einfachen Mönch« und dessen »dreisten, nur von privatem Urteil geleiteten Behauptungen«.[10]

Die Tragik Karls V. besteht darin, daß er den unbeirrbaren Mut und persönlichen Einsatz Luthers, dessen Erklärung: »Hier stehe ich, ich kann nicht anders«, als subjektiven Akt eines anmaßenden Einzelgängers versteht und weder die religiöse Bindung dieses Einzelnen noch die in diesem Einzelnen verkörperte allgemeine neue Haltung erkennt. Denn nicht nur aufgrund egoistischer Machtinteressen unterstützen bald viele Fürsten die protestantische Bewegung. Moritz von Sachsen ist als großer Verräter auch die große Ausnahme. In dem Wunsch nach Freiheit von »der viehischen spanischen Servitut« verbinden sich in den Fürsten protestantisches Selbstbewußtsein und politischer Unabhängigkeitsdrang und führen zu einer Front gegen den spanisch-habsburgischen Universalanspruch, die in manchem wiederum jenes europäische »Grundmuster« erkennen läßt. Karl V., in seinen auswärtigen Kämpfen mit Frankreich und den Türken auf die deutschen Fürsten angewiesen, muß diesen trotz entscheidender kriegerischer Erfolge in Fragen der Konfession und politischen Selbständigkeit schwerwiegende Zugeständnisse machen. Ihren »religiösen« Anspruch realisiert dann die Bestimmung des Augsburger Religionsfriedens 1555: *Cuius regio eius religio,* ihren politischen Anspruch 100 Jahre später der Friedensschluß nach dem Dreißigjährigen Krieg 1648, der ihnen Souveränität zugesteht.

Enttäuschung und Resignation, all diesen Kräften nicht wirksam begegnen zu können, bewegen Karl V. deshalb zu dem ungewöhnlichen Schritt der freiwilligen Abdankung. Mit seinem Rücktritt und der noch von ihm selbst bestimmten Teilung des habsburgischen Universalreiches in eine spanische und eine österreichische Linie tritt das neue Europa der Nationalstaaten endgültig an die Stelle des mittelalterlichen universalen Reiches.

Führend ist zunächst Spanien, das unter König Philipp II., dem Sohn Karls V., den Höhepunkt seiner Entwicklung erlebt, danach aber ständig an Bedeutung verliert, bis in die erste Hälfte des 20. Jahrhunderts hinein. Demgegenüber bewahren Frankreich und England ihre Großmachtstellung, die sie nach Beendigung der religiösen Auseinandersetzungen im Inneren errungen haben, ununterbrochen bis in die Zeit der Weltkriege. Auch Schweden, das im 16./17. Jahrhundert die Ostseeherrschaft (*Dominium Maris Baltici*) gewinnt, tritt unter König Gustav Adolf in den Kreis der europäischen Großmächte ein. Im Osten entwickelt Rußland unter der Regierung Zar Iwans des Schrecklichen wachsendes politisches Profil. Daneben werden Polen-Litauen und Ungarn zu bedeutenden Staaten. Hier entfaltet sich seit der zweiten Hälfte des 15. Jahrhunderts eine blühende, stark von Italien her beeinflußte Renaissancekultur, in Ungarn besonders unter König Mathias Corvinus (1456–1490), in Polen unter den letzten Jagiellonenherrschern im 16. Jahrhundert, dem »Goldenen Zeitalter« der polnischen Geschichte.

Diese Renaissancekultur faßt jedoch in den griechisch-orthodoxen Gebieten des Kontinents nicht Fuß, wie sich etwa an der Ikonenmalerei erkennen läßt, deren für westliche Augen »mittelalterlich-starrer« Stil sich unverändert erhält. Östlich der Konfessionsgrenze vollzieht sich damit eine andere geistig-politische Entwicklung als im übrigen Europa, zumal die Türken bis Ende des 15. Jahrhunderts den gesamten Balkan erobern, der dadurch für lange Zeit die Verbindung zum Westen verliert. 1526 besetzen die Türken auch den größten Teil Ungarns, doch wird die hier ansässige Bevölkerung, die zum abendländischen Kulturkreis gehörenden Ungarn, Slowaken, Kroaten und Slowenen, nur für etwa 150 Jahre - bis 1683 - von der westlichen Entwicklung abgeschnitten.

V La Civilisation française

Aus dem Zerbrechen der mittelalterlichen Glaubenseinheit im Zeichen von Reformation und Gegenreformation erwachsen dem christlichen Europa Jahrzehnte erbitterter Religionskriege. Der theologische Absolutheitsanspruch jeder Konfession und die darin beschlossene unbedingte Gewissensverpflichtung der Gläubigen treiben zu gewalttätiger Auseinandersetzung mit den Anhängern der konkurrierenden Glaubenslehre, die als dem Seelenheil verderbliche Irrlehre verdammt wird und abgewehrt, wenn nicht gar samt ihren Verkündern vertilgt werden muß.

Die religiösen Gegensätze innerhalb der europäischen Christenheit verquicken sich dabei auf das verwirrendste mit den ständisch-sozialen, den verfassungspolitischen, den wirtschaftlichen und den nationalen Interessenkonflikten, die nach Entladung drängen und durch die Konfessionalisierung des politischen Denkens eine zusätzliche Dynamik erhalten.

Den Trägern politischer und militärischer Macht erscheint es jahrzehntelang als heilige Aufgabe, dem eigenen Bekenntnis auch jenseits der Landes- und Volkstumsgrenzen mit der Waffe in der Hand zum Siege zu verhelfen. Im Namen des »rechten Glaubens« greifen sie in die konfessionellen Bürgerkriege der Nachbarländer ein, ohne allerdings den Aspekt eigenen machtpolitischen Nutzens dabei aus dem Auge zu verlieren.

In der zweiten Hälfte des 16. Jahrhunderts verheeren die Glaubenskriege insbesondere die westeuropäischen Länder Holland und Frankreich. Unter der Führung von Adelsparteien kämpfen hier die Calvinisten mit beispielloser Erbitterung und Hartnäckigkeit gegen die Unterdrückung konfessioneller und ständischer Freiheiten durch eine katholische Obrigkeit. Die entschlossene Selbstbehauptung des Calvinismus, den zu überwinden den gegenreformatorischen Kräften weder in Frankreich noch in den Niederlanden gelingt, ist für die Verfassungsgeschichte der abendländischen Staatenwelt äußerst bedeutsam.

Auf der einen Seite erstarkt in Westeuropa der Gedanke des ständischen Widerstandsrechts gegen fürstliche und kirchliche Machtansprüche, die verbriefte Freiheitsrechte bedrohen. Hier liegen wichtige Wurzeln der Entwicklung des modernen Konstitutionalismus mit den Leitideen der Volkssouveränität, des parlamentarischen Repräsentativsystems und der staatsbürgerlichen Grundrechte.

Auf der anderen Seite – und da gehen entscheidende Impulse von Frankreich aus – setzt sich angesichts der Verwüstungen der Religionskriege und der Unmöglichkeit des Sieges einer einzigen Konfession die friedenstiftende Macht eines überkonfessionell-rational geführten Königsstaates durch, der das Zusammenleben der Untertanen jenseits kirchlicher Gegensätze ordnet. Diese fürstliche Staatsmacht wird in ihrem Wirkungsbereich die alten ständischen Freiheitsrechte beiseite schieben und den Anspruch auf absoluten Gehorsam erheben.

1598 – nach Jahrzehnten blutigen Bürgerkrieges – gewährt der erste französische König aus dem Hause Bourbon, Heinrich IV., durch sein epochemachendes Edikt von Nantes der streitbaren calvinistischen Bevölkerungsminderheit eine bedingte Religionsfreiheit. Staatsmännischer Realismus, der sich über die Kompromißlosigkeit konfessioneller Eiferer hinwegsetzt, erreicht einen neuen *Modus vivendi* zwischen den Franzosen und schafft somit die Grundlage für Befriedung und Wiederaufstieg des Landes.

In der Staatstheorie der Zeit ist einer enttheologisierten Politik bereits der Weg vorgezeichnet. Aus den Kreisen späthumanistischer Juristen und Staatsbeamter erschallt gerade in Frankreich seit Jahren der Ruf nach dem starken Staat, der mit Hilfe der disziplinierten Kräfte eines stehenden Heeres und eines zuverlässigen Beamtentums die Religionsparteien niederhalten und dadurch den Ausweg aus dem innerpolitischen Dilemma erzwingen soll. Als Vorbild gilt den Späthumanisten der machtvolle römische Staat. Im Rückgriff auf die von ihm überlieferten Rechtsvorstellungen versuchen sie die staatliche Gewalt theoretisch neu zu begründen.

Bahnbrechend sind die Schriften des französischen Rechtsdenkers Jean Bodin, der sich bemüht, das Staatsinteresse als prinzipiell eigenständige, weltlich-vernunftgemäße Größe zu bestimmen. In den *Six livres de la République,* die 1576 zum ersten Mal erscheinen und bald in alle europäischen Sprachen übersetzt werden, arbeitet der Jurist und Staatsphilosoph im Blick auf die antiken Vorbilder die rechtlichen Merkmale der obersten Staatsgewalt heraus und kommt zu dem zentralen Begriff der Souveränität, die er als *puissance absolue et perpétuelle d'une République* definiert. Die souveräne Gewalt, die insbesondere unumschränkte Gesetzgebungsvollmacht bedeutet, spricht Bodin dem Fürsten zu. Als Abbild Gottes kann der Monarch nur das Rechte wollen. Sein Gewissen, in dem der prinzipielle Respekt vor den »Gesetzen Gottes und der Natur« wurzelt, wird ihn und die Untertanen vor Willkürakten bewahren. Er weiß sich verpflichtet, Treue zu üben, Verträge mit den Untertanen und mit auswärtigen Mächten einzuhalten. So wie ihm die Bürger Gehorsam und Dienst schulden, hat er die »natürlichen« Freiheits- und Eigentumsrechte der Regierten zu achten. Setzt er sich über diese Rechte und über göttliche Gesetze bedenkenlos hinweg, wird er also zum »Tyrannen«, haben die Untertanen das Recht zum Widerstand.

Auf der gedanklichen Bahn, die Jean Bodin mit seinen Schriften gewiesen hat, können sich in den beiden folgenden Jahrhunderten Theorie und Praxis des fürstenstaatlichen Absolutismus in Europa weiterentwickeln. Dabei bleiben sich die Bodin folgenden Rechtsdenker und die absoluten Fürsten durchaus bewußt, daß der monarchische Staatswille sittlichen Bindungen und Beschränkungen unterworfen ist, die er nicht ungestraft verletzen kann. Die absolute Monarchie ist in Europa »eine moralische und auch eine rechtliche *monarchie limitée* im Sinne der korporativen Privilegien und der anerkannten Grundgesetze, der *leges fundamentales,* die zum Beispiel Thronordnung und Veränderung des Herrschaftsgebiets regeln.

Gerade wo die Idee des Gottesgnadentums der Königsherrschaft besonders lebendig ist, wo der Monarch als Amtswalter Gottes auf Erden oder als Gesalbter des Herrn gilt, der, einer Rechenschaft vor irdischen Instanzen entzogen, über die Seelen und das leibliche Wohl seiner Untertanen wacht, gerade dort nehmen die Ratgeber der Krone unter Bezug auf den theokratischen Auftrag das Recht in Anspruch, die Herrschenden an die sittlichen Schranken ihres Tuns und an ihre Rechenschaftspflicht vor Gott zu erinnern. Das markanteste Beispiel ist der brillante Hofprediger und einflußreiche Bischof Ludwigs XIV., J. B. Bossuet, dessen Vorhaltungen sich auch ein »Sonnenkönig« gefallen lassen muß.

Allerdings entfernen sich Staatsdenken und politisches Handeln im Laufe des absolutistischen Zeitalters dann zunehmend von christlichen Motivationen und Begrenzungen und münden in der Epoche der Aufklärung schließlich in Wertvorstellungen, die um den Gedanken einer abstrakten Weltvernunft kreisen.

Wie stark schon im 17. Jahrhundert selbst bei einem noch im christlichen Weltbild lebenden und mit höchsten kirchlichen Würden bekleideten Politiker die Staatsraison eine eigenständige innerweltliche, diesseitig-rationale Leitidee werden kann, zeigt der Schluß des sogenannten »Politischen Testaments« des Kardinals Richelieu, der sich, an seinen König wendend, die Worte niederschrieb: »Ich verspreche Eurer Majestät, daß nicht ein Tag meines Lebens hingehen soll, wo mir nicht im Geiste lebendig ist, was mir in meiner Todesstunde vor die Augen treten wird: die Interessen des Staates, die es Euch gefallen hat, mir anzuvertrauen.«

Auf dem Fundament, das Bodin in der Theorie und König Heinrich IV. in der Regierungspraxis gelegt haben, arbeitet Richelieu an der Errichtung eines straff gelenkten Einheitsstaates, der dem französischen Volk als friedengebietende Ordnungsmacht die

Sicherheit von Leben und Eigentum und allgemeine Wohlfahrt verbürgen soll. Zug um Zug beginnt der Sachwalter der Krone den Gedanken königlicher Allgewalt in Frankreich zu verwirklichen. Der Widerstand der rebellischen Hocharistokratie wird gebrochen, notfalls mit Gewalt. Die auf politische Mitsprache pochenden Generalstände-Versammlungen werden nicht mehr einberufen. Selbstherrliche Provinzgouverneure aus dem Hochadel, die es wagen, ständisch-regionale Widersetzlichkeit gegen die monarchische Zentralgewalt zu unterstützen, werden entmachtet. In den Provinzen regieren in Zukunft sogenannte »Intendanten«, die als Beamte der Krone lediglich Ausführungsorgane königlichen Willens zu sein haben.

Auch in den folgenden Jahrzehnten, nach dem Tode Richelieus, setzen sich die zentralistisch-bürokratischen Tendenzen des modernen Königsstaates gegen das Aufbegehren ständischer Kräfte zunächst weiter durch. Mit der Selbstregierung Ludwigs XIV. (1661–1715) tritt der französische Absolutismus schließlich in seine Glanzperiode ein, in der den Fürsten ganz Europas die Herrschaftsform in Frankreich als politisches Ordnungsmodell vor Augen steht.

In der Person des Herrschers, der die höchste gesetzgeberische, ausführende und richterliche Gewalt in seiner Hand vereinigt, verkörpert sich der moderne Staat, dem alle Untertanen ohne Unterschied des Standes Gehorsam und Dienst schulden. Ein besoldetes, zentral geleitetes Beamtentum, dessen sachkundigste und loyalste Vertreter aus dem Bürgertum stammen, und ein ständig unter Waffen stehendes Königsheer mit einheitlicher Befehlsstruktur und Ausrüstung sind die verläßlichen Machtinstrumente der monarchischen Souveränität. Eine weitere Säule des königlichen Absolutismus ist die Kirchenhoheit seiner »Allerchristlichsten Majestät«. Sie umfaßt insbesondere das Recht zur Bischofsernennung und zur Kontrolle über die Verwendung des riesigen Kirchenvermögens.

Die unumschränkte Machtstellung des Herrschers verlangt nach strahlender Repräsentation und Glorifizierung durch die Werke der Kunst. Fernab vom Treiben der gewöhnlichen Sterblichen in der unruhigen Hauptstadt an der Seine läßt der Monarch in einer Sand- und Sumpflandschaft bei dem Dorfe Versailles mit ungeheurem Kostenaufwand eine neue Residenz schaffen. Ein ursprünglich bescheidenes königliches Jagdschloß erfährt einen großzügigen Umbau und wird zu einer weiträumigen, majestätischen Schloßanlage, die den ständig wachsenden Hofstaat des Herrschers aufnehmen und die repräsentative Kulisse werden kann, die zur Zelebrierung des Königskults erforderlich scheint. In Weiterentwicklung von Baugedanken der Schloßarchitekten der Renaissance wird die gesamte Umwelt des Schlosses einer einheitlichen künstlerischen Gestaltung unterworfen. Aus dem Orte Versailles, in dem zahlreiche Schloßbedienstete angesiedelt werden, führen fächerförmig angelegte Straßenzüge zu dem prachtvoll umrahmten Schloßvorplatz. In seinem Zentrum ragt die Fassade des Hauptbaus auf, in dem sich die riesigen Festsäle und Galerien befinden. Die hintere Schloßseite, deren architektonische Form auf den Betrachter einen ungezwungenen, heiter-gelösten Eindruck machen soll, schiebt sich in die kunstvoll verschnörkelten Gartenanlagen mit ihren Alleen, mit ihren Bassins, Fontänen und Statuen, mit ihren Freilichttheatern und verschwiegenen Bosketts. An diese Gärten schließt sich in der Ferne der Wildpark an, in dem die fürstliche Gesellschaft ihrer Jagdleidenschaft frönen kann. Die Residenz der königlichen Majestät wird in dieser Gesamtanlage von Versailles gleichsam zum Symbol des herrscherlichen Triumphes über die Natur selbst, die den Künstlern des fürstlichen Auftraggebers als Material und dem höfischen Treiben als Schauplatz zu dienen hat. Festliche Feuerwerke, pomphafte Aufführungen des Musiktheaters, Maskeraden und andere galante Spiele erfüllen Schloß und Gärten mit verschwenderischem Prunk.

Im Hofstaat Ludwigs, der zeitweise auf zwanzigtausend Personen anwächst, wetteifern die Angehörigen der vornehmsten Adelsgeschlechter Frankreichs, deren Väter sich noch gegen die absolute Königsgewalt aufgebäumt haben, um die Gunst des Monarchen, der heiß begehrte Rangerhöhungen und Pfründen nach Gutdünken gewähren oder verweigern kann.

Der fürstliche Mäzen fördert in großzügiger Manier die Arbeit begabter Künstler des Landes und gründet Kunstakademien, in denen ein einheitlicher *Style Louis XIV* geprägt wird, der in den Schöpfungen der Architektur, Malerei, Skulptur, Musik und Literatur der Epoche zum Ausdruck kommt und erneut ein klassisches Zeitalter – diesmal das französische – begründet. Die Akademiegründungen dieses Zeitalters begünstigen auch die Entfaltung der Mathematik, der experimentellen Naturwissenschaften und der rationalistischen Philosophie, die ihren Siegeszug gerade in diesen Jahrzehnten in Europa beginnt.

Im Rahmen der Residenzkultur, die nach dem stilprägenden Vorbild des französischen Königshofs überall auf dem europäischen Kontinent erblüht, erhalten bildende Künste und wissenschaftliche Forschungen in allen Ländern wesentliche Impulse.

Die geistliche und weltliche Aristokratie aller europäischen Regionen ist bemüht, großenteils ohne Rücksicht auf ruinöse Kostspieligkeit, Schlösser und Parkanlagen nach französischem Geschmack anzulegen, auszuschmücken und zum glanzvollen Treffpunkt der eleganten Gesellschaft zu machen.

In der Kunst setzt sich im weltlichen wie im geistlichen Bereich, zunächst in Italien und Deutschland, dann auch im übrigen Europa, der sogenannte »Barock« durch. Aus Spätgotik, Renaissance und Manierismus hervorwachsend, bestimmt dieser sinnenfroh-festlich wirkende Kunststil mit seinen Tendenzen zum Pomphaft-Würdevollen, zur pathetischen Gebärde und zur grandiosen Bewegung den Gestaltungswillen in allen Künsten. Aus barockem Kunstempfinden wird in Italien die Oper, in Frankreich das Musikballett geboren. Das höfische Publikum der Fürstenresidenzen zeigt für beide Formen musikalischer Unterhaltung schnell eine ausgesprochene Vorliebe.

Der absolutistische Königsstaat versucht nicht nur, Künste und Wissenschaft zu fördern und gleichzeitig gefügig zu machen. Auch die Wirtschaft wird im Rahmen des »Merkantilismus« in den Dienst fürstlicher Macht gestellt. Staatliche Lenkung und Kontrolle soll die Steuerkraft des Landes heben, damit ein reichlicher Geldstrom in die Kassen der Krone fließen kann: erstes Beispiel einer Planwirtschaft im neuzeitlichen Europa – mit langfristig lähmenden Erfolgen.

Wie in der staatlichen Bürokratie, im Militär- und Justizwesen, in den Bereichen der Künste und Wissenschaften manifestiert sich auch im Rahmen der merkantilistischen Wirtschaft der Aufstieg des Bürgertums im absolutistischen Frankreich. Ludwig XIV. weiß, daß er in dieser Schicht besonders zuverlässige Stützen seines Regiments besitzt und ein Reservoir von nützlichen Begabungen zur Verwirklichung seiner Ziele. Jean-Baptiste Colbert, der leitende Finanz- und Verwaltungsfachmann, Wirtschafts- und Kolonialminister der französischen Krone, verkörpert den in dieser Zeit herangebildeten Typus des bürgerlichen Königsbeamten in besonders eindrucksvoller Weise.

Das zunehmend selbstbewußter werdende Besitzbürgertum strebt nicht nur nach humanistischer Bildung, sondern drängt im Blick auf die Kultur der adligen Führungsschicht auf Aristokratisierung und Ästhetisierung seines Lebens. Das Idealbild des *honnête homme,* des edlen und geistreichen Menschen, der sich gerade in der literarisch gebildeten, eleganten Gesellschaft der »Salons« vornehmer Damen weltmännisch zu bewegen weiß, beginnt die Erziehung im großbürgerlichen Milieu ähnlich zu prägen wie einst im Italien der Renaissance das Vorbild des Cortigiano.

Auf der Schattenseite des wirtschaftlich-sozialen Systems im absolutistischen Frankreich leben große Teile der bäuerlichen Landbevölkerung. Der Merkantilismus vernachlässigt die französische Landwirtschaft zugunsten des erwünschten Aufschwungs der gewerblichen Manufakturen und des Handels. Außer den Abgaben an die adligen und kirchlichen Grundherren tragen die Bauern auch die ganze Last der staatlichen Steuern, da es dem Königsstaat trotz seiner Tendenzen, einen nivellierten Untertanenverband zu schaffen, nicht gelingt, die ungerechten Steuerprivilegien von Adel und Geistlichkeit zu beseitigen oder wenigstens drastisch einzuschränken.

Während das Frankreich Richelieus, Mazarins und Ludwigs XIV. schon politische Konsolidierung und kulturelle Blüte erlebt, ringt das deutsche Mitteleuropa immer noch mit den Folgeerscheinungen des dreißigjährigen Glaubenskrieges, der ein verwüstetes, wirtschaftlich ruiniertes und in seiner Zersplitterung außenpolitisch ohnmächtiges Reich zurückgelassen hat. Aus dem Glaubenskampf war im Laufe dieses gewaltigen Kriegsgeschehens schon bald ein rein machtpolitisches Ringen von Großmächten um die Vorherrschaft in der Mitte des Kontinents geworden. Jenseits aller konfessionellen Überzeugungen war es schließlich nur noch um territorialpolitische und strategische Zielsetzungen gegangen, zu deren Verwirklichung jedes Bündnis und jede Gewalttat zügelloser Söldnerheere recht waren.

Beim Friedensschluß von 1648 in Münster und Osnabrück sind die ausländischen Staaten Frankreich und Schweden zu den dominierenden Garantiemächten des politischen *Status quo* in Deutschland geworden. Das Kaisertum des »Heiligen Römischen Reiches Deutscher Nation«, das in den letzten Jahrhunderten mit dem Namen des Hauses Habsburg verbunden gewesen ist, wird nach 1648 zu einem politischen Schatten. Dagegen erhebt sich, selbstbewußter noch als zuvor, die Macht der deutschen Landesfürsten. In ihren Territorien können sie nach dem Westfälischen Frieden, der ihnen mit der vollen Landeshoheit, mit der Entscheidungsbefugnis über die Konfession der Landeskinder und mit dem auswärtigen Bündnisrecht praktisch die »Souveränität« zugesprochen hat, den Absolutismus nun auch in seinen deutschen Varianten entwickeln.

Ungeachtet der Enge und der Zersplitterung ihrer Territorien beginnen die bedeutenderen deutschen Fürsten rational durchgeformte, gesamtstaatlich-zentralisierte Institutionen im Militär- und Verwaltungswesen aufzubauen und das Land durch intensive staatliche Lenkung und wirtschaftliche Förderung zu erschließen. Die Gründung zunftunabhängiger, arbeitsteiliger Manufakturen, die insbesondere in Brandenburg-Preußen und Österreich planmäßig durchgeführte Einwanderungspolitik und Bodenkultivierung, der großzügige Aufbau der Verkehrswege zu Lande und zu Wasser sind Leistungen, die – über die Hebung der Steuerkraft – fürstlichem Machtegoismus im Landesinnern und in der Außenpolitik dienen sollen, die sich aber ebenso für große Teile der Bevölkerung segensreich auswirken. Die am Vorbild von Versailles orientierte Entfaltung höfischer Kultur befriedigt als Ausdruck monarchischer Machtsteigerung das Geltungsbedürfnis der Landesherren, setzt jedoch in allen Künsten schöpferische Kräfte frei, die vielfach der geistig-kulturellen Entwicklung des ganzen Landes zugute kommen. Auf fürstliche Initiative geht schließlich auch die Gründung zahlreicher Akademien und Universitäten zurück, durch die der frühmoderne Staat die Wissenschaften zielstrebig fördert, insbesondere die wissenschaftliche Ausbildung der Söhne des im Staatsdienst wie im Handel und Gewerbe immer wichtiger werdenden Bürgertums.

Im Rahmen der deutschen Teilmonarchien beginnt mit der Entwicklung überkonfessionell-rationaler Staatlichkeit nicht nur ein wirtschaftlich-kultureller Aufschwung, sondern auch ein folgenreicher, für das moderne Staatswesen charakteristischer Prozeß der »Sozialdisziplinierung«.

Ausdrucksformen dieser Disziplinierung sind nicht allein modernes Soldaten- und Beamtentum. Zu diesem Vorgang gehört auch eine breite Schichten erfassende Erziehung zu disziplinierter Arbeitshaltung im Berufsleben und zu einer Staatsgesinnung, die im Rahmen der Monarchie das – Regional- und Ständeinteressen übergeordnete – Gemeinwohl der Staatsbevölkerung in den Blick rückt. In gewisser Hinsicht bildet diese »Fundamentaldisziplinierung« eine »Voraussetzung für (die) Fundamentaldemokratisierung des bürgerlich-demokratischen Gemeinwesens, für den modernen Staat und seine Gesellschaft« (G. Oestreich).

Überall in Europa, wo sich der monarchische Absolutismus im 17. Jahrhundert durchsetzt – neben Frankreich und den deutschen Territorien wären hier Italien, die iberische Halbinsel, Dänemark, Schweden und Rußland zu nennen – beginnt mit der fürstenstaatlichen Regierungsweise in verschiedener Intensität ein solcher Prozeß der Sozialdisziplinierung. Auch seine negativen Folgen – die Tendenzen zur staatsbezogenen Uniformierung und zur Hemmung individueller Initiative – machen sich in Abstufungen auf dem ganzen Kontinent bemerkbar.

Von der Allmacht und monolithischen Geschlossenheit des totalitären Staates der Gegenwart ist der absolutistische Staat der fürstlichen Monarchien jedoch weit entfernt. Unbeschadet bestimmter Ähnlichkeiten, insbesondere hinsichtlich der angestrebten Machtzusammenballung in einer Zentrale, sind die Unterschiede unübersehbar: Der Versuch zu totaler Manipulierung und Mobilisierung der Individuen und der egalisierten Massengesellschaft im Namen der ideologischen Ziele einer herrschenden Staatspartei und die äußerste Einschränkung jedes privaten Freiraums sind dem Totalitarismus der nachrevolutionären Epoche vorbehalten. Dem Absolutismus fehlen dazu sowohl die sittlich-weltanschauliche Bedenkenlosigkeit als auch die organisatorischen und technischen Möglichkeiten. Charakteristisch für den europäischen Absolutismus ist, daß er gar nicht den Willen und die Fähigkeit besitzt, alle traditionellen Privilegien und Gewohnheitsrechte der in seinen Dienst gestellten ständischen Gesellschaft aufzuheben und die lokalen Herrschaftsgewalten des Adels, der Kirche und des städtischen Magistrats völlig zu beseitigen. Stadtgemeinde, Bistum und aristokratische Grundherrschaft nehmen Aufgaben der Administration und der Rechtsprechung wahr, die der nur partiell durchorganisierte Fürstenstaat gar nicht unmittelbar realisieren kann. Hier gibt es immer noch jene *pouvoirs intermédiaires,* deren Existenz und Nützlichkeit Montesquieu in seinen wegweisenden Schriften um die Mitte des 18. Jahrhunderts hervorhebt.

Eine verfassungsgeschichtlich für Europa folgenreiche Sonderentwicklung findet in Holland und auf den britischen Inseln statt. Hier gelingt es den ständischen Kräften, gegenüber fürstlichen Machtansprüchen ein eigenständiges Recht auf Anteil an der »Souveränität«, an Legislative und Exekutive des Staates geltend zu machen. In London siegt die aristokratisch-großbürgerliche Körperschaft des Parlaments nach wechselvollen Kämpfen in der *Glorious Revolution* über die absolutistischen Bestrebungen der Stuarts. Die konfessionellen Überzeugungen der englischen Führungsschichten, die einer von den Stuarts versuchten Rekatholisierung entgegenstehen, haben den Widerstandswillen gegen die Dynastie verstärkt. – Die parlamentarische *Bill of Rights,* die der aus den Niederlanden herbeigerufene Oranier Wilhelm III. vor Regierungsantritt unterzeichnen muß, verpflichtet das Königtum, althergebrachte ständische Rechte und Freiheiten zu achten und sich klar umrissenen gesetzlichen Normen zu unterwerfen. Das – freilich nur von Angehörigen des Adels und des bürgerlichen Patriziats gewählte – Unterhaus behält auf Dauer die Kontrolle von Legislative und königlicher Exekutive. Im Rahmen dieser Parlamentarisierung und Liberalisierung des englischen Königsstaates erhalten die nicht zur anglikanischen Hochkirche zählenden *Dissenters* und die Katholiken Religionsfreiheit. Allen Staatsbürgern wird Schutz vor willkürlicher Verhaftung und der Presse die Freiheit von staatlicher Zensur verbürgt.

Diese konstitutionelle Bewegung im englischen Inselreich, das seit 1689 für zwei Jahrzehnte in Personalunion mit den holländischen Generalstaaten verbunden ist, macht auf weite Kreise der Gebildeten im kontinentalen Europa großen Eindruck und stimuliert gerade in Frankreich die Kritik am absoluten Königsstaat, die angesichts der zunehmend maßloser werdenden Religions- und Außenpolitik Ludwigs XIV. ohnehin aufbricht.

Die Werke des politischen Philosophen John Locke, der es 1690 unternimmt, die englische »Revolution« staatstheoretisch zu rechtfertigen, beflügeln den Oppositions- und Reformergeist der folgenden Jahrzehnte. Wie der holländische Staats- und Rechtsdenker Hugo Grotius kann auch Locke an naturrechtliche und konstitutionelle Gedankengänge Jean Bodins anknüpfen. Angesichts der überspannten Zielsetzungen, die den französischen Absolutismus der Wende vom 17. zum 18. Jahrhundert kennzeichnen, schärfen die Schriften der Staatstheoretiker aus dem niederländisch-englischen Bereich den Blick der europäischen Bildungsschicht für die sittlichen und rechtlichen Begrenzungen »souveräner« staatlicher Macht. Die Postulate natürlicher Menschenrechte, staatlicher Gewaltenteilung und des Widerstandsrechts gegen tyrannische Regierungen, die John Locke in moderner Formulierung vor dem Hintergrund des erfolgreichen Freiheitskampfes in England vorträgt, prägen sich aufs neue dem europäischen Denken ein.

Als Ludwig XIV. sich auf Drängen einflußreicher Feinde des Protestantismus am Hofe von Versailles zu einer Hugenottenverfolgung hinreißen läßt, finden Hunderttausende glaubenstreuer Calvinisten aus allen Volksschichten, deren Widerstand gegen die Unterdrückung in eine Massenemigration mündet, Aufnahme in deutschen Staaten, vor allem aber auch in Holland und England. Die im geistig liberaleren Bereich der »Seemächte« erscheinenden Streitschriften hugenottischer Emigranten lösen bei den europäischen Gebildeten ein großes Echo aus und verstärken jene Rufe nach konfessioneller Toleranz, nach Garantien für Gewissens- und Geistesfreiheit, die seit den Verheerungen der Glaubenskriege lauter geworden sind.

1694 erscheint Pierre Bayles epochemachendes *Dictionnaire historique et critique,* von dem ein Voltaire später in überschwenglicher Bewunderung sagen wird, es sei das erste, das zu denken gelehrt habe. Die Dogmen aller Konfessionen geraten von hier aus in das Kreuzfeuer einer prinzipiellen Kritik, die sich in Frankreich mit Schriftstellern wie Voltaire zu radikaler Kirchenfeindlichkeit steigern wird. In der kirchlichen Autorität wird bei der engen traditionellen Verbindung von Thron und Altar aber auch ein Eckpfeiler des französischen Absolutismus getroffen.

Bayle steht mit seinen kritischen Untersuchungen in der Tradition des modernen europäischen Rationalismus, der sich seit der Renaissance im Zusammenhang mit dem Empirismus der Naturwissenschaften gegen kirchlich-theologische Lehrmeinungen zunehmend durchsetzt. Wegweiser ist für Bayle der Cartesianismus, die Lehre des Mathematikers René Descartes (gest. 1650), der den methodischen Zweifel an allen überkommenen Lehrweisheiten zum prinzipiellen Ausgangspunkt philosophischen Denkens gemacht hat. Am Hofe Ludwigs XIV., wo der Cartesianismus zunächst beifällig aufgenommen und verbreitet worden ist, hat man längst begriffen, daß die von Descartes verlangte Prüfung alles Bestehenden mit den Maßstäben der Ratio dazu führen muß, nicht nur das Christentum und die Kirche, sondern auch die absolute Monarchie und die Ständegesellschaft in Frage zu stellen. Ein königlicher Erlaß hat zwar offiziell die Lehre des Cartesianismus an allen Universitäten Frankreichs untersagt, damit freilich ihre tatsächliche Verbreitung in den Kreisen der Gebildeten keineswegs verhindert.

In diesem Zeitalter, um die Wende vom 17. zum 18. Jahrhundert, haben mathematische Ratio und kritischer Empirismus dem europäischen Denken aber nicht allein autoritäts- und traditionsfeindliche Impulse gegeben: In Isaac Newtons wissenschaftlichen Beobachtungen und Berechnungen, die insbesondere zur endgültigen Klärung des Gravitationsgesetzes führen, in den vielfältigen Forscherleistungen und Theorien des Universalgelehrten Leibniz, die die Entwicklung in allen wissenschaftlichen Bereichen befruchtet haben, manifestieren sich auf das glänzendste Entdecker- und Schöpferkraft moderner europäischer Naturwissenschaft und Philosophie. Im Wirken des Gottfried Wilhelm Leibniz scheint sich die gesamte Geisteskultur des zeitgenössischen Europa zu verdichten und zu potenzieren. Er nimmt Anteil an den Arbeiten und Projekten aller großen Gelehrten seiner Zeit und korrespondiert unter anderem mit Newton, Spinoza und Bossuet. Auf seine Anregung geht die Gründung der Akademien der Wissenschaften in

Berlin (1700) und St. Petersburg (1711) zurück. Der Sekretär der Pariser Akademie der Wissenschaften, Fontenelle, der durch die sprachlich-stilistisch elegante Popularisierung neuer wissenschaftlicher Erkenntnisse der Epoche hervorgetreten ist, wird in seiner Gedenkrede auf den verstorbenen Leibniz nicht zu Unrecht sagen: »Jenen Menschen des Altertums gleich, die bis zu acht Pferde auf einmal zu lenken vermochten, lenkte er alle Wissenschaften im Sturmschritt vorwärts.«

Im Streit der Konfessionen und im aufbrechenden Konflikt zwischen Naturwissenschaft und Christentum bemüht Leibniz sich vergeblich, zur europäischen Versöhnung beizutragen. Schon in jungen Jahren hat er ein Gebet verfaßt, das den Gottesglauben aller Konfessionen zum Ausdruck bringen soll; und später tritt er, der Lutheraner, mit dem international bekannten Wortführer der katholischen Kirche Frankreichs, Bossuet, in briefliche Verbindung, um Wege für die Wiedervereinigung der getrennten christlichen Bekenntnisse zu bahnen. Seine Hoffnungen, Gräben geistiger Feindschaft zuschütten zu können, werden freilich enttäuscht ebenso wie seine Spekulationen über einen europäischen Staatenbund, eine der Kultureinheit Europas entsprechende Friedensordnung, über die er mit dem Abbé de Saint-Pierre in einem brieflichen Gedankenaustausch diskutiert.

Der überzeugte Europäer Leibniz ist zugleich ein deutscher Patriot, der seine Muttersprache, ungeachtet seiner Wertschätzung anderer europäischer Sprachen, pflegt, der das überkommene Reich der Deutschen erhalten will als Gefäß für die lebendige Vielfalt deutscher Kräfte. Obwohl voll der Bewunderung für die Leistungen französischer Kultur, warnt Leibniz angesichts des machtpolitischen Expansionsdrangs, den Frankreich unter Ludwig XIV. in Europa entfaltet, beredt vor der Gefahr einer drohenden französischen »Universalmonarchie« und versucht, sie mit publizistischen Mitteln zu bekämpfen.

Seit der Mitte des 17. Jahrhunderts ist in der Tat das absolutistische Frankreich an die Stelle Spaniens als europäische Hegemonialmacht getreten. Die Tugenden staatsmännischer Nüchternheit und politischen Augenmaßes, die Richelieu bewahrt hat, sind Frankreichs Außenpolitik mehr und mehr fremd geworden. Die irrationalen Vorstellungen Ludwigs XIV. von *Gloire, Réputation* und *Magnificence* haben zu einer verhängnisvollen Übersteigerung der außenpolitischen Zielsetzungen geführt.

Der französische Imperialismus wird von den Staatsmännern der übrigen europäischen Mächte zunehmend als allgemeine Bedrohung des Staaten-Systems begriffen, das sich in Europa seit dem Scheitern des habsburgischen Strebens nach der Universalmonarchie entwickelt hat. Statt der noch mittelalterlich geprägten Idee eines kaiserlichen *Dominium mundi* hat sich in der europäischen Wirklichkeit und in der politischen Theorie ein Nebeneinander frei konkurrierender, souveräner Einzelstaaten herausgebildet. Dieser Pluralismus entspricht den dynastischen Realitäten und dem differenzierten Selbstbewußtsein der europäischen Völker. In der Vorstellungswelt der maßgebenden Politiker und der politischen Publizisten hat sich die Idee eines europäischen Gleichgewichts der Mächte seit dem 16. Jahrhundert immer deutlicher herauskristallisiert.

Die Hegemonialpolitik Ludwigs stellt eine überall empfundene Herausforderung dieser Idee dar. Gegen die aggressiven Ausdehnungsbestrebungen des französischen Königsstaates in Westeuropa finden sich dann auch wechselnde Koalitionen europäischer Mächte zusammen, deren Rückhalt das nach der *Glorious Revolution* mit Holland verbundene, aktiv in die Kontinentalpolitik eingreifende England wird. Die Seele des europäischen Widerstandes gegen französische Übermacht ist Wilhelm von Oranien, durch dessen Politik die von ihm geführten »Seemächte« zu Vorkämpfern einer kontinentalen *Balance of Power* werden.

Der zu Beginn des 18. Jahrhunderts ausgefochtene Spanische Erbfolgekrieg sieht die Streitmacht Ludwigs XIV. allein im Kampf gegen eine von England und Österreich angeführte große europäische Allianz, der es gelingt, die französische Expansivkraft zu brechen und damit zugleich dem Zeitalter machtpolitischer Vorherrschaft Frankreichs ein Ende zu setzen.

Hervorragenden Anteil an diesem Sieg des Gleichgewichtsgedankens über den französischen Hegemonialanspruch hat der glänzende Feldherr des habsburgischen Kaisers, Prinz Eugen, der zuvor in ruhmvollen Waffentaten eine andere Macht bezwungen hat, die an der Südostgrenze des österreichischen Territoriums das gesamte christlich-europäische Staaten-System bedroht: das Osmanische Reich. Eugen von Savoyen verkörpert in seltener Weise die Harmonie zwischen persönlicher Lebensgestaltung und politischer Leistung. Das europäische Gleichgewicht, dem er als gebürtiger Franzose in habsburgischen Diensten ebenso einfallsreich wie selbstlos dient, spiegelt sich in dem Gleichgewicht seiner Persönlichkeit und seiner geistig-kulturellen Weite und Bildung. Die heitere Leichtigkeit, mit der er große und schwere Aufgaben meistert, spricht heute noch aus seinem Schloß Belvedere in Wien, dessen architektonischen Plan er weitgehend selbst entworfen hat.

Die Kriegserfolge Prinz Eugens im Kampf gegen die imperialen Machtansprüche des islamischen Sultans, der im geheimen Einvernehmen mit Frankreich handelt, bauen den vor Wien errungenen Verteidigungssieg von 1683 weiter aus. Sie befreien den mittleren Donauraum von türkischer Fremdherrschaft und schaffen die Voraussetzungen für das habsburgische Siedlungswerk im europäischen Südosten. Mit den Mitteln des absolutistischen Staates wird in den verödeten Donaugebieten eine Kolonisationsleistung vollbracht, die der brandenburgisch-preußischen im Elbe-Oder-Raum ebenbürtig ist. Über hunderttausend deutsche Bauern schaffen sich in friedlicher Arbeit eine neue Heimat, indem sie die südosteuropäische Waldsteppe kultivieren.

Nicht nur Österreich gewinnt zu Beginn des 18. Jahrhunderts stark an Boden, sondern auch Preußen und Rußland. Dagegen treten die bis dahin führenden Mächte Schweden und Polen in den Hintergrund. Der schwedische König Karl XII wirft sich zwar im Nordischen Krieg dem nach Westen drängenden Rußland entgegen, wird jedoch nicht weit vom späteren Stalingrad, bei Poltawa, 1709 vernichtend von Zar Peter dem Großen geschlagen. Schweden verliert damit seine Großmachtstellung an Rußland, das mit der ausgedehnten baltischen Ostseeküste die lange ersehnten eisfreien Häfen gewinnt.

Peter der Große unternimmt um diese Zeit erstmals den Versuch, Rußland an den Westen heranzuführen – zielbewußt und mit brutalen Mitteln. Er verlegt die Hauptstadt in das unter großen Opfern aus dem Boden gestampfte St. Petersburg, das sich zum glänzenden Symbol russischer Westorientierung entwickelt. Der Zar überfordert dabei allerdings seine in traditionellen Vorstellungen verharrenden Landsleute, erzielt somit zumeist auch nur äußerlich-oberflächliche Resultate, schafft aber letztlich ein modernisiertes, selbstbewußtes Staatswesen mit starken Land- und Seestreitkräften.

Katharina die Große knüpft in den letzten Jahrzehnten des 18. Jahrhunderts an diese Politik an. Sie fühlt sich dem Geist der Aufklärung verpflichtet, handelt zugleich aber – wie Peter – machtbesessen und moralisch bedenkenlos. Die Ergebnisse ihrer Regierung gleichen denen ihres Vorgängers: Sie vergrößert nochmals das Russische Reich, das sich der gesamten Schwarzmeerküste bemächtigt und im Zuge der Polnischen Teilungen erstmals nach Mitteleuropa vorstößt. Wiederum ändert sich an der russischen Mentalität nur wenig; nur in sehr geringer Zahl übernehmen die Russen das aufklärerische Gedankengut.

Polen, noch im 17. Jahrhundert offensiv gegen das benachbarte Zarenreich vorgehend, wird im 18. Jahrhundert in zunehmendem Maße handlungsunfähig, da seine erstarrte ständische Verfassung den neuen Herausforderungen nicht mehr genügt, während zugleich die aufstrebenden Nachbarn Österreich, Preußen und vor allem Rußland den polnischen Staat bedrängen. Diese Mächte sind es auch, die in drei Schritten (1772, 1793 und 1795) ganz Polen unter sich aufteilen, wobei Rußland den Löwenanteil erhält. Die Polen treten somit – wie die Italiener und die Deutschen – ohne ein eigenes Gemeinwesen in das Zeitalter des Nationalstaats ein.

Nach der Niederlage Ludwigs XIV. im Spanischen Erbfolgekrieg willigt das Österreich Prinz Eugens in die Aufteilung des spanischen Erbes und trägt so in Zukunft das englische Konzept der *Balance of Power* mit. Das Inselreich, das seinerseits dabei ist, auf den Weltmeeren die englische Seehegemonie zu errichten, wird nach dem Friedensschluß von Utrecht (1713) jedem europäischen Staat entgegentreten, der nach kontinentaler Vorherrschaft strebt. Die von den Briten aufrechterhaltene Konstellation sich gegenseitig die Waage haltender Kontinentalstaaten dient dazu, London Rückenfreiheit für die Verfolgung seiner eigenen maritimen und kolonialen Machtinteressen zu gewährleisten. Jedoch entspricht die englische Politik des Mächtegleichgewichts in Kontinentaleuropa auch den Wünschen europäischer Völker und Staaten nach Eigenständigkeit und führt die Tradition eines differenzierten Staaten-Systems, das der Vielfalt europäischen Lebens angemessen ist, bewußt fort.

Die Politik Ludwigs XIV. hat mit ihren überspannten Zielsetzungen und in der Überdehnung französischer Macht alle Kräfte des Landes bis zur Erschöpfung in Anspruch genommen. Nach dem Tode des einst so bewunderten und gefürchteten *Roi-Soleil* (1715) leidet das Frankreich des *Ancien Régime* bis zu seinem Untergang in der großen Revolution unter den Folgen der Maßlosigkeit Ludwigs.

Die sprachlich-kulturelle Hegemonie Frankreichs jedoch setzt sich, auch unter gewandelten politischen und ideologischen Vorzeichen, in der gesamten zivilisierten Welt weiter durch. Seit den Friedensverhandlungen von Rastatt (1714) wird anstelle des Lateinischen und des Italienischen das Französische die Sprache der internationalen Diplomatie, deren Verfahrensnormen und Umgangsformen ja gerade auch durch den Scharfsinn und die Wendigkeit französischer Juristen und Botschafter fortentwickelt worden sind.

Französische Schriftsteller wie Fontenelle, Voltaire und Montesquieu übernehmen ihre geistesgeschichtlich bedeutsame Vermittler- und Dolmetscherrolle zwischen der aufblühenden englischen Wissenschaft und der Forschung und Bildung im kontinentalen Europa.

Auf dem Gebiet der Naturwissenschaften erringen im Laufe des 18. Jahrhunderts auch Franzosen eine führende Stellung: die Schriften der Mathematiker und Physiker d'Alembert, Maupertuis, Réaumur und Condorcet werden von Gelehrten der Nachbarländer stark beachtet.

Eine Schlüsselrolle spielt französischer Geist schon seit Mitte des 17. Jahrunderts in der gesamteuropäischen Denkbewegung der sogenannten »Aufklärung«, die philosophisch allem tradierten Autoritätsglauben als höchste geistige Instanz die verselbständigte, kritische »Vernunft« entgegenstellt. Mit ihrer Hilfe soll der menschliche Geist von den Fesseln christlicher Offenbarungsreligion endgültig befreit werden. Mit der Säkularisierung von Naturrecht und Ethik will man alle bestehenden Institutionen von Grund auf humanisieren.

Ein Sprachrohr aufklärerischen Denkens wird seit der Jahrhundertmitte die von Diderot und d'Alembert herausgegebene *Encyclopédie,* die nach der Intention ihrer Autoren alle wissenschaftlichen, technischen und philosophischen Errungenschaften des *Siècle des Lumières* darstellen und zugleich publizistisch auf breiter Front den Angriff auf überlieferte Autoritäten des *Ancien Régime* führen soll. Zu ihren Mitarbeitern zählen auch Voltaire, Montesquieu und Rousseau, die hier grundlegende Beiträge zur historischen Quellenkritik beziehungsweise zur Politik und Soziologie veröffentlichen. Die *Encyclopédie,* deren Artikel überall an den Höfen, in den »Salons« und Gelehrtenkreisen Europas gelesen und diskutiert werden, verbreitet im Bereich der politischen Theorie Vorstellungen und Ideale, die zum Gemeingut der Gebildeten werden: Gleichheit vor dem Gesetz, Unterwerfung der Monarchie unter das Naturrecht, Humanisierung des Strafrechts und der

Kriegführung (die im übrigen nur zur Verteidigung dienen soll), Freiheit der Presse und der gewerblichen Wirtschaft, gerechtere Steuerverteilung, Entmachtung der Kirche im öffentlichen Leben und Säkularisierung des Kirchengutes.

Das aufgeklärte Denken verändert auch die Einstellung zum Judentum und zur mosaischen Religion. Während des gesamten Mittelalters sind die Juden geduldet, aber nicht gleichberechtigt gewesen. Sie lebten in besonderen Straßenzügen oder Stadtvierteln, den Gettos, und hatten keinen Anteil am allgemeinen politisch-gesellschaftlichen Leben. Vom bürgerlichen Geschäftswesen und von den Handwerkszünften ausgeschlossen, ernährten sie sich vom Kleinhandel und von Geldgeschäften, für die man die als »Christusmörder« verhaßten Juden wegen des für Christen geltenden Zinsverbots benötigte. Bei verschiedenen Anlässen, im Zusammenhang mit den Kreuzzügen etwa oder bei verheerenden Seuchen, kam es europaweit immer wieder zu Pogromen gegen sie. Diese Vorbehalte werden nun im Zuge der Aufklärung wenn nicht beseitigt, so doch beträchtlich eingeschränkt, wozu nicht nur die französische Publizistik, sondern auch literarische Werke wie etwa Lessings *Nathan der Weise* beitragen. Zumindest in West- und Mitteleuropa werden die Gettos weitgehend aufgelöst, ihre Bewohner in die Gesellschaft integriert, beispielsweise in Preußen durch die Stein-Hardenbergschen Reformen zu Beginn des 19. Jahrhunderts.

In der Folgezeit bereichern sie das kulturelle Leben ihrer Länder, mit denen sie sich als Staatsbürger identifizieren; Europas Wissenschaft und Literatur, Kunst und Musik verdanken ihnen entscheidende Impulse. Die »Judenfrage« scheint im größten Teil des Kontinents gelöst, bevor sie sich – jetzt unter völlig anderen, nämlich rassenideologischen Aspekten – um 1900 erneut stellt.

Indem die Aufklärer »vernünftige« Einsicht bei allen Zeitgenossen zu wecken und zu verwirklichen versuchen, glauben sie, dem Fortschritt des Menschengeschlechts in eine freiere und schönere Zukunft die Wege ebnen zu können. Zu den neuen Dogmen, die durch sie unversehens an die Stelle der bekämpften kirchlichen Glaubenssätze treten, gehört die unbeirrbare Überzeugung von der ursprünglichen »Güte« der Menschennatur und der darauf basierenden geistig-moralischen Vervollkommnungsfähigkeit des Menschen. Mögen viele *philosophes* – wie sich die Schriftsteller der Aufklärung gern selbst nennen – auch eine unrealistische Anthropologie vertreten, ihre führenden Geister bemühen sich im Blick auf die Entwicklung menschlicher Lebens- und Denkformen um eine wahrhaft weltweite Perspektive: Montesquieu macht in seiner jahrelangen Arbeit an den zwanzig Büchern seines Hauptwerkes *L'esprit des lois* (1748) den Versuch, die Rechtssysteme der verschiedensten Länder im Zusammenhang mit dem Klima, der Wirtschaft, der Staatsverfassung, den Sitten und religiösen Vorstellungen der entsprechenden Völker zu analysieren. Voltaire wird als Geschichtsschreiber Wegbereiter einer universalhistorischen Betrachtungsweise. Diderots Enzyklopädie bringt eine der ersten Gesamtdarstellungen der Geschichte der Philosophie.

Europäische Fürsten rechnen es sich zur Ehre an, diese berühmten Männer als Gäste an ihrem Hofe zu empfangen oder mit ihnen Korrespondenz zu pflegen. Voltaire weilt um die Mitte des Jahrhunderts mehrere Jahre in der Residenz des preußischen Königs Friedrich des Großen, der zu den prominenten Bewunderern französischer Kultur im allgemeinen und der *philosophes* im besonderen zählt.

Am Beispiel dieses Hohenzollernkönigs werden Möglichkeiten und Grenzen des reformerischen Einflusses deutlich, den aufklärerische Ideen in der politischen und sozialen Wirklichkeit der absoluten Monarchien des 18. Jahrhunderts ausüben können.

Das Königreich Preußen ist eine der neuen kontinentalen Großmächte, die aus den Kriegen dynastischer Kabinettspolitik der ersten Hälfte des Jahrhunderts aufgestiegen sind. Nachdem das habsburgische Österreich auf Kosten des Osmanischen Reiches im Donauraum eine beherrschende Stellung gewonnen hat und das Rußland der Zaren, im Kampfe mit Schweden, zur Vormacht an der Ostsee geworden ist, erhebt sich der frederizianische Staat – auf den Grundlagen, die die Vorgänger Friedrichs II. geschaffen haben – zu europäischer Geltung. Im Stile der rational kalkulierten Außenpolitik seiner Epoche entreißt der Monarch dem Hause Habsburg die reiche Provinz Schlesien und ist in der Lage, diesen eroberten Besitz militärisch zu behaupten. Sein Staat wird damit zu einem bestimmenden Faktor im europäischen Mächtesystem.

Die Gestalt dieses Königs ist im historischen Rückblick nachlebender Generationen nicht zu Unrecht zur Symbolfigur des aufgeklärten Absolutismus geworden. In ihr verdichtet sich eine innere Spannung, die die Monarchien des Zeitalters erfüllt: der Gegensatz von Staatsräson und vernunftbegründeten Humanitätsidealen. In Friedrich ringt in eindrucksvoller Weise der humanitäre Staatsgedanke der Aufklärung mit dem Prinzip der Selbstbehauptung und Expansion fürstlicher Macht. Im *Antimachiavell* von 1739, der pathetischen Erwiderung auf die weltberühmten Thesen des Florentiners über den »Fürsten«, lehnt der Kronprinz den aus Ruhmsucht und bloßem Eroberungsdrang geführten Krieg prinzipiell ab. Aber in den Kämpfen um Schlesien und bei der internationalen Teilung Polens gehorcht er doch der Eigengesetzlichkeit realpolitischen Ehrgeizes und Machtwillens. Im Sinne der Aufklärungsideale werden Humanisierung der Strafjustiz, Unabhängigkeit der Rechtsprechung, konfessionelle Toleranz und Geistesfreiheit zu Grundsätzen der preußischen Innenpolitik. Die Staatsräson des Landesherrn jedoch, dessen Monarchie auf den pflichtbewußten Dienst des Adels im Offizierskorps und in der Regierungsführung angewiesen ist, verbietet dem König andererseits, die Fesseln bäuerlicher Leibeigenschaft zu lösen und das bestehende System adliger Grundherrschaft im Geiste philanthropischer Ideale der Zeit zu beseitigen.

Ist auch der Dualismus von Sittlichkeit und Macht im Denken und Werk des Preußenkönigs bis zu seinem Lebensende wirksam geblieben, so setzen seine theoretischen Reflexionen über die Rechtfertigung des Herrscheramtes aus den Ideen des säkularisierten Naturrechts, des am Gemeinwohl orientierten »Gesellschaftsvertrages« und des Dienstes für das Staatsvolk weithin beachtete Maßstäbe für monarchisches Handeln. Seine Herrschaftsauffassung hat die jüngere europäische Fürstengeneration der Epoche erheblich beeinflußt.

Die geistige Bewegung der Aufklärung, die Staat und Gesellschaft des 18. Jahrhunderts so mächtig durchströmt und die mit den großen Werken Kants und Herders die Entwicklung auch der klassischen deutschen Philosophie und Dichtung maßgeblich mitbestimmt, hat in den führenden Schichten ein zivilisatorisches Europabewußtsein geweckt, zu dessen Akzentuierung die weltweite koloniale Expansion Europas wesentlich beiträgt. Dieses Bewußtsein, das sich in der politischen Presse und Literatur insbesondere französischer Sprache artikuliert, ist freilich in sich durchaus zwiespältig. Soweit es um religiöse Toleranz, Geistesfreiheit und wissenschaftliche oder dichterische Leistung geht, betonen politische Schriftsteller wie Fontenelle, Voltaire, Montesquieu oder Gibbon in ihrer wirklichen oder fiktiven Reiseliteratur die Überlegenheit europäischer Zivilisation im Vergleich zu fremden Kulturen. Andererseits dient aber die Darstellung des Orients und des »edlen Wilden« im indianischen Amerika dazu, den Mißbrauch staatlicher und priesterlicher Macht, soziale Mißstände und zivilisatorische Fehlentwicklungen in Europa anzuprangern, indem man den für sie vermeintlich Verantwortlichen den Spiegel einer angeblichen Vorbildhaftigkeit präsentiert. Auch eine Art »Europamüdigkeit« gehört zum Bewußtsein von der Einheit des Kontinents, angesichts jahrzehntelanger dynastischer Kriege um Hegemonie oder Gleichgewicht, um territoriale und wirtschaftliche Macht diesseits und jenseits der Weltmeere.

Die amerikanische Revolution mit den von ihr proklamierten Idealen bedeutet für die geistige Elite Europas somit eine fundamentale Herausforderung. Die Frage ist, ob auch die Alte Welt zu einer Erneuerung im Sinne republikanischen Freiheitsgeistes fähig ist.

Das Frankreich des *Ancien Régime* treibt derweilen steuerlos und – wie es scheint – unaufhaltsam der Katastrophe entgegen. Die Untersuchung des Gesamtkomplexes der Ursachen für die große Revolution hat seither die internationale Geschichtsforschung nicht ruhen lassen.

Das System der absoluten Monarchie, das über anderthalb Jahrhunderte das politische Gesicht des Kontinents bestimmt hat, versinkt in einem Umbruch, der neue geschichtliche Energien von ungeahnter Dynamik freisetzen wird. Das kulturelle Erbe der Epoche des fürstlichen Absolutismus wirkt jedoch weiter, in die späteren Jahrhunderte abendländischer Geschichte hinein, bis zur Gegenwart.

Gefördert und geschützt durch einen mehr oder weniger französisch geprägten fürstlichen Absolutismus, mitunter freilich auch in seinem Zeichen zu subalternen Diensten gezwungen, haben überall in Europa vor allem Musik und Dichtung bereits im 17. und 18. Jahrhundert ein erstaunliches kulturelles Niveau erreicht. Sind zunächst vor allem französische Dichter wie Corneille, Racine und Molière hervorgetreten und italienische, englische und deutsche Komponisten wie Monteverdi, Purcell, Bach und Händel, so trifft man nur etwa zwei Generationen später auf eine Zeit gesteigerter kultureller Blüte.

Teilweise in bewußter Abkehr von dem bisherigen französischen Vorbild kommt es zu einer ungewöhnlichen Konzentration künstlerischer Leistungen von unvergleichlichem Wert. In der deutschen Dichtung bewirkt die Freundschaft zwischen Goethe und Schiller eine kaum wiederholbare Intensität des geistigen Austausches befreundeter und doch gegensätzlicher Naturen, die, sich wechselseitig ergänzend, korrigierend und anregend, das Bild dieser Epoche als Zeitalter der Klassik prägen. Der scheinbar mühelose und nicht nur für heutige Betrachter allzu »glatte« Eindruck, den viele Werke dieser Epoche vermitteln, zum Beispiel Goethes *Iphigenie* mit ihrer »verteufelten Humanität«[11] oder Schillers Balladen mit ihrem eingängigen Pathos, täuscht leicht über die eigentümlichen Spannungen, Leiden und Abgründe hinweg, denen gerade diese Werke ihre Entstehung verdanken. Insofern kann Schillers Lebensschicksal als ebenso bezeichnend für diese Zeit gelten wie zum Beispiel Goethes *Iphigenie* oder *Die Wahlverwandtschaften*. Das Vorbild des klassischen Altertums wirkt nicht als fragloses Ideal. Einbindung oder gar Überwindung eines tragischen Verhängnisses durch sittlich-geistige Selbstüberwindung, die zugleich Selbsterfüllung bedeuten kann, erscheinen als wesentliche Merkmale dieser Klassik.

Ähnliches gilt für die Musik, deren bedeutendste Vertreter vor allem im Südosten des Deutschen Reiches wirken. Bei Haydn schon angedeutet, dann aber vor allem bei Mozart entsprechen die besten Werke keineswegs der landläufigen Vorstellung ungetrübter, klassischer Heiterkeit. In Mozarts *Don Giovanni* oder *Zauberflöte* erklingen, vergleichbar den dichterischen Werken der Zeit, tragische, ja sogar dämonische Töne, die dennoch insgesamt jenen Wohlklang hervorbringen, den man seither als »klassisch« bezeichnet – klassisch ebensosehr im Sinne von ausgewogener Harmonie wie von vorbildhafter Überzeitlichkeit.

VI Europa in der Revolution

Der Wille, die Welt zu erkennen und zu verändern durch die Kraft der Vernunft, ist in Europa tief verwurzelt. Mit der Entfaltung der Aufklärung und ihrer Ideenpropaganda wird dieser Wille zum wissenschaftlich-technischen und politischen Programm.

Da die Träger der politischen Macht sich bis zu einem bestimmten Grade der rationalistischen Argumentation öffnen und im Zeichen des »aufgeklärten Absolutismus« einige naturrechtlich-humanitäre Ideen der Zeit verwirklichen, glaubt die Mehrzahl der Aufklärer, daß wesentliche Änderungen des politischen und gesellschaftlichen Systems auf dem Wege friedlicher Reform möglich seien. Vernünftige Einsicht in die Notwendigkeit soll insbesondere eine gewaltlose Evolution der bestehenden Monarchie zu einem konstitutionellen Staatswesen herbeiführen. Jedoch unter dem Eindruck des Scheiterns von Reformversuchen gerade im *Ancien Régime* Frankreichs und infolge der dynamischen Eigengesetzlichkeit wissenschaftlichen Forschens und philosophischen Strebens werden in der zweiten Hälfte des 18. Jahrhunderts immer radikalere Forderungen zur Neuordnung von Staat und Gesellschaft erhoben.

Da greift Jean-Jacques Rousseau das Postulat der Volkssouveränität auf, das in Europa in eine gedankliche Tradition gehört, die über die calvinistischen Denker des 16. Jahrhunderts bis in die griechische Antike zurückweist. Ungeteilt, so sagt Rousseau, muß alle Staatsgewalt in die Hand des Volkes gelegt werden, dessen freier Wille Gesetze schaffen und vollstrecken wird. Den Grundsatz der Gleichheit aller Bürger will der Philosoph nicht nur auf die politische Selbstbestimmung, sondern auch auf die Eigentumsverhältnisse angewandt wissen. Die brillanten Formulierungen des Genfers wirken zündend in Intellektuellenkreisen Frankreichs und ganz Europas. In den Salons adliger und großbürgerlicher Damen, in den Freimaurerlogen und in den politischen Klubs der *Sociétés de pensée* werden sie angeregt diskutiert.

Neben Rousseau vertritt vor allem der gelehrte Marquis de Condorcet besonders weitgehende revolutionäre Ideen. Dieser im Kreise der publizistisch äußerst einflußreichen Enzyklopädisten wirkende Mathematiker, Physiker und Nationalökonom hält die Naturwissenschaften und die sich auf der Basis der Newtonschen Physik entwickelnde Technik für die unerschöpfliche Quelle gesellschaftlicher Umwälzung im Sinne des Fortschritts der Menschheit. Condorcet will Revolutionär und Prophet zugleich sein. Durch seine Reden und Schriften versucht er, seinen enthusiastischen Glauben an den unaufhaltsamen Siegeszug von Wissenschaft, Freiheit und Gleichheit zu verbreiten. Die Klassenunterschiede werden abgeschafft sein, Kriege und Kolonialherrschaft werden aufhören, im Namen der Demokratie werden alle Menschen Brüder sein und an einer allgemeinen Hebung der Kultur teilhaben. »Es kommt der Tag, da die Sonne nur auf eine Welt freier Menschen herabscheint, die keinen Herrn anerkennen als die eigene Vernunft. Dann werden Tyrannen und Sklaven, Priester und ihre verdummten … Werkzeuge nur noch in der Geschichte und auf der Bühne vorkommen.«[12]

Ohne sich die Radikalität der Ideen Rousseaus und Condorcets ganz zu eigen zu machen, greift das aufgeklärte Bürgertum der Zeit begierig die beredt vorgetragenen Parolen von Selbstbestimmung und Gleichberechtigung auf und nutzt sie im publizistischen Kampf gegen die politische Bevormundung durch den monarchischen Herrschaftsstaat und gegen die soziale Privilegierung der Aristokratie und des Klerus. Ökonomisch erfolgreicher als Adel und Bauern, wissenschaftlich und literarisch gebildet, geistig beweglich, selbstbewußt und geltungsbedürftig fühlt sich dieses Bürgertum als Träger der entscheidenden Kräfte der Epoche. Dabei ist es erfüllt von einer optimistischen Erfolgsgewißheit im

Geiste der Prophetie Condorcets. Die Vorstellung, daß die Geschichte selbst Fortschritt zu immer mehr Vernunft, Freiheit und Gerechtigkeit bedeute, wird zur Grundüberzeugung einer ganzen Gesellschaftsschicht. An diesen historischen Determinismus, den die Ideologie der Aufklärung hervorbringt, knüpfen im folgenden Jahrhundert Geschichtsphilosophen wie Hegel und Marx an. Gerade unter der Einwirkung ihrer Ideen wird der Glaube der Aufklärer das Denken auch späterer bürgerlicher Generationen entscheidend beeinflussen.

Im wirtschaftlichen Bereich nimmt das ökonomisch erfolgreiche Großbürgertum begeistert die Thesen eines anderen Programmatikers und Propheten der Zeit auf. Der englische Professor der Moralphilosophie, Adam Smith, formuliert in seinem 1776 erscheinenden Werk *Untersuchung über Natur und Ursachen des Reichtums der Nationen* wirtschaftstheoretische Postulate, die wie die politischen Reformideen auf Emanzipation des vernunftbegabten, selbsttätigen Individuums von fürstenstaatlicher Bevormundung zielen. Optimistischer Zukunftsglaube auch hier: Auch in der Wirtschaftskonkurrenz erwächst aus dem freien Walten der menschlichen Vernunftnatur ein glückliches Erdendasein mit gerechtem Ausgleich und schöner Harmonie unter den Menschen.

Das England des Adam Smith ist gerade in diesen Jahrzehnten in die entscheidende Phase seiner technisch-industriellen Umwälzung eingetreten. Technische Erfindungen, die die großzügige und intensive Nutzung der Eisenerz- und Kohleschätze der Erde ermöglichen, haben die Vorbedingungen für die moderne Industriewelt geschaffen, die das Gesicht erst Europas, dann aller anderen Kontinente völlig verändern wird.

Zum Träger der modernen Technik und Industrie wird auch hier zunächst das europäische Bürgertum, in dessen führenden Vertretern sich rationalistische Weltanschauung, Drang zur Beherrschung und Gestaltung der Natur, ökonomischer Erwerbssinn und unermüdliche Arbeitsamkeit verbinden. Mit solchen Begabungen und Antrieben besitzt dieser Menschentypus alle Voraussetzungen, um in der Weltgeschichte eine neue Epoche materieller und intellektueller Kultur heraufzuführen mit allen Segnungen, aber auch mit allen Gefahren.

Neben den geistigen und technischen Grundlagen sind im britischen Inselreich auch die geographischen, machtpolitischen, kommerziellen und sozialen Rahmenbedingungen einer industriellen Revolution in besonderem Maße gegeben: Nachdem die Briten, begünstigt durch die maritime Ausgangslage, ein englisches Kolonialimperium in Übersee errichtet haben, stehen ihnen genügend Kapitalbesitz und entwicklungsträchtige Territorien zur kommerziellen und industriellen Durchdringung zur Verfügung. Der Inselcharakter des Landes bewahrt dessen Bewohner und dessen Wirtschaft vor feindlichen Invasionen, die auf dem Kontinent seit Jahrhunderten viele Kräfte binden und vernichten. Die Initiative wagender Kaufleute und Unternehmer kann sich in dem vom Parlamentarismus geprägten Lande ungehinderter auswirken. Arbeitskräfte für die einsetzende maschinelle Produktion sind zur Hand; dazu die Rohstoffe, die die neue Industriewelt braucht: Kohle und Eisen.

In denselben Jahrzehnten, in denen sich in Frankreich der emotionale und intellektuelle Zündstoff für den Ausbruch der großen politischen Revolution anhäuft, beginnt in der englischen Industrialisierung die weltgeschichtlich bedeutsame Emanzipation des Menschen von der organischen Natur, dank der Kunst der Mechanik.

Als im Juni 1789 die vom französischen Volke gewählten Abgeordneten des *Tiers état* in der Versammlung der Generalstände zu Versailles sich zur *Assemblée nationale* erklärt haben, zum einheitlichen verfassunggebenden Träger des Volkswillens, da vollzieht sich mit atemberaubender Beschleunigung der Abbruch des *Ancien Régime,* und da wird zugleich das historische Experiment eines staatlichen und gesellschaftlichen Neubaus ins Werk gesetzt.

Außenpolitische Mißerfolge, höfische Sittenlosigkeit und innenpolitische Reformunfähigkeit haben das Königtum in den Finanzbankrott und zum Verlust seiner politischen Autorität im Lande geführt. Das aufgeklärte Bürgertum, dessen Vertreter die Mehrheit der Nationalversammlung bilden, sieht seine geschichtliche Stunde gekommen und greift nach der Macht. Seine Wortführer verfechten nicht nur die eigenen Standesinteressen und Ideale; sie wollen auch den sozialen Beschwerden der französischen Bauern Rechnung tragen, die unter dem Absolutismus durch Staat, Grundherrschaft und Kirche über Gebühr belastet gewesen sind.

Aber während im Parlament von Versailles in intellektueller Argumentation und Rhetorik um eine Verfassungsschöpfung auf der Grundlage aufklärerischer Staatstheorie gerungen wird, bricht in der Hauptstadt Paris und kurz darauf in den Provinzen mit elementarer Wucht der Aufstand der Massen aus: In der symbolträchtigen (wenn auch in der Durchführung wenig rühmlichen) Erstürmung der Bastille am 14. Juli 1789, in der Aufstellung einer bewaffneten Volksmiliz und der freien Wahl des Kommunerates der Hauptstadt kommen Kräfte zum Durchbruch, die von der intellektuell-bürgerlichen Nationalversammlung als Sturmtruppen zunächst begrüßt, bald jedoch gefürchtet werden. Ebenso unberechenbar vollziehen sich vor den Augen der Abgeordneten die gewalttätigen Bauernunruhen gegen adlige Grundherren und bürgerliche Großpächter. Hier bricht sich lange aufgestauter Groll Bahn, und die Frage wird sein, ob sich kraftvolle, kluge und verantwortungsbewußte Führer finden, die diese Energien zu zügeln und für konstruktive Leistungen in Staat und Gesellschaft einzusetzen verstehen.

Unter dem Eindruck der Ereignisse, der wirtschaftlichen Not und des wachsenden Druckes der hauptstädtischen Massen vollendet das Parlament seine Verfassungsberatungen: Nach einer systematischen Zusammenfassung der Revolutionsideen in der *Déclaration des Droits de l'homme et du Citoyen,* deren entscheidende Prinzipien die naturrechtlich begründete Freiheit des Individuums und die rechtliche Gleichheit aller Staatsbürger sind, wird 1791 die erste geschriebene Verfassung Europas in Kraft gesetzt.

Sie läßt die Erbmonarchie bestehen, ersetzt jedoch den Absolutismus des *Ancien Régime* durch die Gewaltenteilung im Sinne Montesquieus und erklärt die Volkssouveränität zur Grundlage der politischen Willensbildung. Ausdruck des besitzbürgerlichen Einflusses in der Nationalversammlung ist ein in der Verfassung verankertes Zensuswahlrecht, das das »Aktivbürgerrecht« an Mindestsätze der Grund- und Vermögenssteuer der Wahlberechtigten bindet. Obwohl in den folgenden Jahrzehnten diese Verfassung und ihre Schöpfer durch revolutionären Radikalismus und blutigen Krieg und Bürgerkrieg hinweggerissen und überrollt werden, bleibt das Werk der bürgerlich-liberalen Anfangsphase der großen Revolution als Markstein und als Orientierungspunkt für die später in Gang kommenden Verfassungsbewegungen in Europa von grundlegender Bedeutung. Der das ganze 19. und 20. Jahrhundert so wesentlich mitprägende Liberalismus hat immer wieder an diese bahnbrechende Neuordnung ideologisch und praktisch-politisch angeknüpft, lange Zeit auch an die bürgerlich-klassenmäßig bedingte Beschränkung des Wahlrechts durch Zensus und an die Wertschätzung für die – freilich konstitutionell stark eingegrenzte – Monarchie.

Mit den Prinzipien individueller Freiheit und rechtlicher Gleichheit haben die Verfassungsväter von 1789/91 dem Gedanken der Einheit der Staatsnation zum Durchbruch verholfen: Fortan sind nicht nur binnenländische Zollschranken in Frankreich aufgehoben; in rationalistischer Vereinheitlichung werden anstelle der historisch gewachsenen Provinzeinheiten topographisch geordnete Verwaltungsbezirke – Departements, Arrondissements, Munizipalitäten – für das gesamte Land eingerichtet. Der schon von den Königen angestrebten Einheit des Staatsvolkes und der Staatsgewalt soll nun auch die Einheit des Staatsterritoriums entsprechen. Der Rationalismus will administrative »Geometrie« statt geschichtlicher Tradition.

Tief ist der Eingriff der Revolution in das Leben der katholischen Kirche: Der revolutionäre Staat konfisziert das gesamte Kirchenvermögen, führt durch Gesetz die Volkswahl von Bischöfen und Pfarrern ein und ist entschlossen, Priester zu staatlich besoldeten und kontrollierten Funktionären zu machen. Hier aber erwachsen dann der Revolution Gegner, die aus tiefster Überzeugung die als gottlos angesehene totale Säkularisierung der Kirche bekämpfen. Hier stößt der revolutionäre Elan an entscheidende Grenzen: Das andere, das in der Religion und in der überlieferten Kirche wurzelnde Frankreich erhebt sich in elementarem Widerstand gegen den rationalistischen Fanatismus.

Wie gebannt schaut Europa auf das Geschehen in Frankreich: die Monarchen und der Adel mit Sorge vor der ansteckenden Wirkung der politischen und sozialen Revolutionsideen in ihren Ländern, das aufgeklärte Bürgertum und insbesondere die philosophischen und publizistischen Verfechter der Aufklärung mit Bewunderung und großen Hoffnungen. Deutsche Denker wie Immanuel Kant und Friedrich Schiller sehen sich als Geistesverwandte zu Ehrenbürgern der werdenden französischen Republik ernannt. Wie viele andere anfängliche Freunde der Revolution im Namen von Vernunft und Menschenwürde wenden sie sich aber bald enttäuscht von dieser Republik ab, denn diese beginnt mit den ausbrechenden Revolutionskriegen eine Entwicklung zu nehmen, die einer Pervertierung der proklamierten Ideale gleichkommt. Radikale Republikaner, die die endgültige Beseitigung der französischen Monarchie, Sicherung der revolutionären Errungenschaften und Verbreitung ihrer Leitgedanken in Europa erkämpfen wollen, reißen durch einen entsprechenden Parlamentsbeschluß das neue Frankreich in den Krieg mit der österreichischen und preußischen Monarchie, deren Träger sich mit dem drangsalierten französischen Königtum und den überall in Deutschland zur Konterrevolution aufrufenden adligen Emigranten solidarisch fühlen.

Die Wortführer der revolutionären Republik in Frankreich, Girondisten und Jakobiner, entschlossene Minderheiten, die die Nation mit flammender Rhetorik in den bewaffneten Kampf treiben, erklären der europäischen Öffentlichkeit, worum es in dieser historischen Stunde gehe: Dies sei der große Kreuzzug zur Befreiung aller Völker von fürstlicher Despotie und aristokratischen Privilegien. Die Losung laute: *Guerre aux châteaux, paix aux chaumières* (Krieg den Palästen, Friede den Hütten).

Im Ringen mit der antifranzösischen Koalition, deren Heere zunächst bis in die Nähe von Paris vorstoßen, steigert sich im Innern Frankreichs der revolutionäre Elan zu blutiger Schreckensherrschaft. Von der konstitutionellen Monarchie geht die Verfassungsentwicklung binnen zweier Jahre zur radikalen Demokratie weiter, jedoch bleibt auch die Herrschaft des Mehrheitswillens, den der neu gewählte Nationalkonvent verkörpert, bloße Theorie: In der Praxis setzt sich die rücksichtslose Diktatur einer extremistischen Minderheit durch, die im Jakobinerklub ihre ideologische Zentrale, in den radikalen kleinbürgerlichen Massen von Paris ihre Basis und im Konventausschuß des *Comité du salut public* ihr politisches Aktionszentrum findet.

Während begeisterte Revolutionsheere nach Belgien und ins rheinische Deutschland vordringen, schreiten Marat, Danton und Robespierre zur physischen Vernichtung aller wirklichen oder vermeintlichen Gegner der Revolution in Paris und ganz Frankreich. Mit den Mitteln blanken Terrors versuchen sie, jede Opposition zu liquidieren. In der Hauptstadt rast die Guillotine, in den Provinzen wüten die Kommissare. Angehörige aller Volksschichten, Männer, Frauen, Kinder, fallen als der Konterrevolution »Verdächtige« dem Revolutionstribunal und den Exekutionskommandos zum Opfer. Unter Berufung auf die Vernunft, die Freiheit und die Gleichheit errichten Jakobiner das erste totalitäre Regime der neueren Geschichte.

Das Evangelium eines Robespierre sind die Schriften Jean Jacques Rousseaus, der persönlich nicht mehr erlebt, was hier aus seinen Theorien von »Gleichheit« und »Freiheit« gemacht wird. Condorcet, der andere Prophet der Aufklärung, ihres Zukunftsglaubens und des damit verbundenen humanitären Enthusiasmus, vollendet gerade eine idealistische Schrift über den historischen

»Fortschritt des menschlichen Geistes«, als die jakobinische Geheimpolizei ihn in seinem Versteck aufspürt und einem gewaltsamen Tode zuführt. Schließlich beginnen sich die jakobinischen Machthaber in einer letzten Steigerung des Terrors als Rivalen gegenseitig aus dem Wege zu schaffen. Selbst der engste Freund Robespierres, Danton, stirbt unter dem Fallbeil. Die Revolution frißt ihre Kinder.

Als die Fieberkrise, von der das Land unter der Herrschaft des Wohlfahrtsausschusses geschüttelt wird, ihr gewaltsames Ende gefunden hat, da tritt die historische Erbschaft der Könige und der Jakobiner nicht eine demokratische Republik an, sondern der Cäsarismus des Generals Bonaparte.

Als militärischer Befehlshaber im Dienste der Republik emporgestiegen, führt er die Armeen der Revolution siegreich gegen europäische Fürstenheere und reißt noch vor der Jahrhundertwende durch Staatsstreich die politische Macht in Frankreich an sich. Das französische Volk, müde der Revolutionswirren, zermürbt durch die permanente Wirtschaftskrise und in Sorge um die materiellen Errungenschaften der ersten Revolutionsphase, auf starke Führung und stabile Ordnung hoffend, gibt in Plebisziten mit überwältigender Mehrheit der Errichtung erst der »konsularischen«, dann der »kaiserlichen« Diktatur seine Zustimmung.

Im Ringen mit europäischen Fürstenkoalitionen, die zeitweise Wien, St. Petersburg, Istanbul und London zu gemeinsamem Kampf vereint sehen, revolutioniert Napoleon Europa. Die Jakobiner haben ihm das in der Stunde höchster Gefährdung in einer *Levée en masse* geschaffene Volksheer der allgemeinen Wehrpflicht hinterlassen. Mit Soldaten, die zunächst zur Verteidigung des revolutionären Frankreich, dann als Träger missionarischen Glaubens an »Freiheit« und »Gleichheit« ausgezogen sind, verändert er die politische Landkarte des Kontinents durch die Schaffung von Vasallenstaaten, in denen dann allerdings statt der verheißenen Selbstbestimmung der Völker nur ein Wille gelten wird: der des französischen Eroberers.

Im Innern Frankreichs ist Napoleon nicht nur Erbe, sondern auch Vollender der Revolution. Die rationalistische Vereinheitlichung des Rechts und die Zentralisation der Verwaltung werden ebenso weitergeführt wie die Säkularisierung des Bildungswesens. Die Gleichheit aller Staatsbürger vor dem Gesetz sowie die Freiheit des Eigentums und der wirtschaftlichen Betätigung werden gesetzlich gesichert. Die so klar und modern formulierten Gesetzessammlungen des Kaisers, insbesondere der *Code civil,* werden zur Basis der gesamten späteren Rechtsentwicklung Frankreichs und beeinflussen auch ohne Gewaltanwendung Gesetzeswerke angrenzender west- und mitteleuropäischer Staaten.

Je weiter die kriegerische Expansion napoleonischer Macht auf dem europäischen Kontinent voranschreitet, desto klarer wird den europäischen Völkern, daß die weltbürgerlichen Freiheitsparolen zum bloßen Vorwand für die Errichtung französischer Hegemonie in Europa, für den Imperialismus einer Nation und ihres machtbesessenen Kaisers geworden sind. Pervertierung der Revolutionsideale auch hier: Im Namen der »Völkerbefreiung« wird der Kontinent unterjocht.

England ist – in der Tradition seiner Politik des Mächtegleichgewichts, im Besitz einer weltweiten See- und Kolonialherrschaft, überzeugt von der Überlegenheit angelsächsischer Freiheitstradition – von Anfang an der harte Kern des Widerstandes gegen napoleonische Imperialpolitik. An England finden alle Koalitionen zur Bekämpfung französischer Hegemonie ihren festen Rückhalt. Trotz des Einsatzes aller mobilisierbaren Mittel des Krieges zu Lande und zu Wasser, der Diplomatie und Propaganda, der Wirtschaftspolitik wird es Bonaparte nicht gelingen, Britannien in die Knie zu zwingen.

Aber die imperiale Herrschaft des französischen Kaisers, dem auf dem Kontinent die Heere absolutistischer Fürstenstaaten keinen Einhalt gebieten konnten und der dann die europäische Staatenwelt territorial- und verfassungspolitisch willkürlich umgestaltet hat, findet plötzlich eine Gegnerschaft, auf die der Gewaltherrscher nicht gefaßt ist: Jenseits rationalistischer Zielsetzungen und Argumentationen, jenseits kalkulierbarer Staatsräson erhebt sich in den unterjochten Völkern Europas, elementar und leidenschaftlich, der Wille zum Aufstand gegen die Fremdherrschaft und für nationale Eigenständigkeit. Hier werden Kräfte wach, die aus den Tiefen des Gefühls und des Gemüts stammen und mit denen die rationalische Anthropologie der Aufklärer kaum gerechnet hat. Jedoch instinkt- und affektbeherrschte Volksaufstände sind allein nicht stark genug die Herrschaft des Bonapartismus zu brechen. Es werden die organisierten, innerlich erneuerten Staatsgewalten sein, die den Imperator schlagen und vom Throne stoßen.

Unter dem Eindruck der Expansionskraft des revolutionären französischen Massenheeres und der Unterlegenheit des alten Staates mit seiner Armee aus Söldnern und zwangsrekrutierten Bauernsöhnen haben vor allem Staatsmänner und Offiziere des von Napoleon geschlagenen frederizianischen Preußen begonnen, das Staatswesen von Grund auf zu reformieren. Der Freiherr vom Stein und Wilhelm von Humboldt, Scharnhorst, Gneisenau und Clausewitz, sie alle haben begriffen, daß eine Befreiung vom napoleonischen Joch nicht möglich ist, ohne vom französischen Gegner zu lernen und ohne die Befreiung des Volkes im eigenen Staat ins Werk zu setzen. Nur wenn es gelingt, freie patriotische Gesinnung bei bisher nur gehorsamen Untertanen zu wecken, können die schlummernden Energien des Volkes zur Rettung des Staates wirksam werden. Der führende Kopf der preußischen Reformer, der Freiherr vom Stein, formuliert die Grundziele mit den Worten: »Belebung des Gemeingeistes und Bürgersinns ... Einklang zwischen dem Geist der Nation, ihren Ansichten und Bedürfnissen und denen der Staatsbehörden, Wiederbelebung der Gefühle für Vaterland, Selbständigkeit und Nationalehre.«[13]

Er ist es auch, der mit der »Revolution von oben« Ernst macht: Die gesetzliche Bauernbefreiung von der Gutsuntertänigkeit und die Selbstverwaltung der Städte sind sein Werk. Nach dem Beispiel des revolutionären Frankreich führt Preußen die allgemeine

Wehrpflicht ein, nachdem zuvor unter dem Einfluß von Gneisenau und Scharnhorst entehrende Disziplinierungsmaßnahmen gegenüber einfachen Soldaten abgeschafft worden sind und der Aufstieg in die Offizierslaufbahn ohne Rücksicht auf Standesschranken allen offensteht, die sich durch Bildung, Tapferkeit und Umsicht dafür qualifizieren. Der neue Idealtypus des preußischen Offiziers ist der militärtheoretisch, politisch und literarisch hochgebildete Soldat, der seinen Beruf nicht als Kriegshandwerk, sondern als Erfüllung einer patriotischen Aufgabe mit Hilfe wissenschaftlicher und technisch exakter Schulung ausübt. In Gneisenau und besonders in Clausewitz, dessen Buch *Vom Kriege* zu den grundlegenden Werken moderner Militär- und Politikwissenschaft gehört, verkörpert sich dieser Typus auf das glänzendste. Nur solche Köpfe können es mit dem Feldherrngenie Napoleon aufnehmen; nur solche Offiziere sind in der Lage, das nationalbewußte Volksheer der neuen Zeit zum Sieg über imperialistische Revolutionsarmeen zu führen.

Die sich der Erneuerung und Befreiung widmende Generation der preußischen Erhebung wird auch durch die Gedanken der deutschen Philosophie und Dichtung in ihrem Tun motiviert und gestärkt. Die Kantische Idee von der Entfaltung der geistig und politisch mündigen Persönlichkeit, der »kategorische Imperativ« der Kantischen Ethik, der auch vom Staatsmann und Soldaten ein Handeln verlangt, das eine »Maxime für das allgemeine Handeln« sein kann, aber auch die Lehre Kants vom moralischen Recht zur defensiven und präventiven Selbstbehauptung des Staates im Falle kriegerischer Bedrohung durch seine Nachbarn gehen in das Denken der gebildeten Reformer ein. Das gleiche gilt für die *Reden an die deutsche Nation,* die Fichte, der Schüler Kants, formuliert, um die deutsche Jugend zum Kampf gegen napoleonische Unterdrückung zu begeistern. Fichte verkörpert in seiner philosophischen Entwicklung ein typisches Beispiel der Wendung des bisher weltbürgerlichen Denkens der führenden Geister in Deutschland zur Nation, zum Nationalstaat. Dabei sind die Zeitgenossen Fichtes durchaus überzeugt von der letzten Einheit des Universalen und des Nationalen. Der Nation wird die Aufgabe der Vertretung allgemeingültiger menschlicher Werte zugewiesen. Fichte selbst betont die Idee einer notwendigen Verbindung und gegenseitigen Ergänzung von Weltbürgertum und Patriotismus.

Die vorwiegend aus dem Gefühl wachsende Wertschätzung der unverwechselbaren Identität von Sprach- und Kulturnation, die als geschichtlich gewachsene Individualität das Naturrecht auf freie Selbstentfaltung beansprucht, wird - neben einer sich erneuernden Religiosität - tiefgreifende Bewegung in das europäische Geistesleben bringen, das den einseitigen Rationalismus und Kosmopolitismus der Aufklärung des 18. Jahrhunderts hinter sich läßt. Das politische Geschehen im 19. Jahrhundert erhält von hier aus mächtige Impulse. Neben den konstitutionell-liberalen Ideen gehört der Nationalgedanke zu den stärksten Antrieben politischen Wollens.

Als jedoch der französische Imperator endgültig geschlagen ist und der Friedenskongreß in Wien nach den Wirren der Revolutionskriege die europäischen Verhältnisse ordnet, da ist die Enttäuschung patriotischer Hoffnungen grenzenlos: Die Neuordnung durch den Fürstenkongreß steht im Zeichen des nach seinem Schöpfer benannten »Metternichschen Systems«, das gekennzeichnet ist durch die Prinzipien einer Restauration vorrevolutionärer Autoritäten - dynastischer, aristokratischer und kirchlicher Art - und ein kühl kalkuliertes Mächtegleichgewicht auf dem Kontinent.

Diese Prinzipien widersprechen diametral dem in Mitteleuropa immer stärker werdenden Drängen, insbesondere des gebildeten Bürgertums, nach staatlicher Einigung und freier Selbstbestimmung der Nation. Auf ihre gottgewollte Souveränität und Friedensaufgabe pochend, stemmen sich zwar unter Metternichs maßgebendem Einfluß jahrzehntelang die Monarchen Europas der liberalen und nationalen Emanzipationsbewegung entgegen. Aber auch der Einsatz polizeistaatlicher und militärischer Mittel kann die aus dem Revolutionszeitalter so mächtig in das 19. Jahrhundert hineinströmende Verfassungsbewegung auf die Dauer nicht aufhalten. Im politischen Denkprozeß der vom Bürgertum angeführten Reformkräfte ist vor allem in Mittel- und Südosteuropa, die »romantische«, das heißt an geschichtlicher Tradition und volkhafter Individualität orientierte, stark vom Gemüt und Gefühl mitbestimmte Staatsanschauung allmählich eine geistige Verbindung eingegangen mit aufklärerischen Grundgedanken über staatliche und gesellschaftliche Organisation und verfassungsmäßige Repräsentation des Volkes.

Eine Welle der Sympathie schlägt aus den Kreisen der Gebildeten jedem europäischen Volk entgegen, das in den Jahrzehnten nach dem Wiener Kongreß sich von Fremdherrschaft und fürstlicher Allmacht freikämpfen will: Man preist den griechischen Freiheitskrieg gegen den türkischen Sultan, man feiert den polnischen Aufstand gegen die russische Autokratie, man schaut mit Empörung auf die Versuche der »Reaktion«, portugiesische, spanische und italienische Befreiungsbewegungen zu unterdrücken. Mit den landständischen Verfassungen einiger deutscher Einzelstaaten, wo, wie in Bayern, Württemberg und Baden, nicht in Anerkennung des Prinzips der Volkssouveränität, sondern aus landesherrlicher Gnade den Vertretern des Staatsvolkes gewisse Mitbestimmungsrechte eingeräumt worden sind, ist man nicht zufrieden. Sie werden eher als widerwillig gegebene und jederzeit zurücknehmbare Zugeständnisse der Potentaten angesehen. Idealistisches Pathos und Gefühlsbetontheit der liberalen Bewegung jener Tage und die Verquickung der demokratischen, nationalen und weltbürgerlichen Ideen in einem hoffnungsfrohen Zukunftsoptimismus finden in Deutschland in öffentlichen Reden, wie zum Beispiel beim Hambacher Fest 1832, leidenschaftlichen Ausdruck.

Die Revolutionen des Bürgertums in Frankreich von 1830 und 1848 werden überall auf dem Kontinent als Beispiele und Signale für die nahende Erfüllung konstitutioneller Freiheitsträume begrüßt und gefeiert. Die Februarrevolution in Paris ermutigt zu

Volkserhebungen, die fast gleichzeitig in allen Residenzstädten des deutschen Sprachraumes ausbrechen. Die Fürsten und ihre Regierungen weichen vor diesem Ansturm beinahe kampflos zurück. Metternich muß gehen. Der preußische König, verwirrt und trotz großer Worte schwächlich in der Verteidigung seiner romantischen Auffassung von Herrscherwürde und Untertanengehorsam, bekennt sich zu den volkstümlichen Idealen von Deutschlands Freiheit und Einheit. Er zeigt sich den Berlinern mit der schwarz-rot-goldenen Fahne, dem Symbol der national-liberalen Bewegung. Aber als die alten Gewalten sich zu erholen beginnen und der Revolution erst defensiven, dann offensiven Widerstand entgegensetzen, wird die erschreckende Machtlosigkeit der Volksvertretung offenbar. Das Verfassungswerk der deutschen Paulskirche, in der wie in der *Assemblée Nationale* von 1789 die akademische Führungsschicht des Bürgertums praktisch allein das Staatsvolk repräsentiert, scheitert am Ende an dem Selbstbehauptungswillen und der noch immer vorhandenen Lebenskraft der deutschen Dynastien von Wien bis Berlin, an dem Fehlen militärischer, finanzieller und administrativer Machtmittel der Verfassungsväter und letztlich auch an dem Mangel an politischem Engagement in breiten Volksschichten, insbesondere auf dem Lande. Die von radikalen bürgerlichen Intellektuellen auf die Barrikaden geführten Fabrikarbeiter, Vertreter des im Industriezeitalter entstehenden »Vierten Standes« zwingen ebenfalls keine Wende herbei. Sie treten in den Straßenkämpfen von Berlin und Wien nur als bewaffnete Hilfstruppen der bürgerlichen Revolution in Erscheinung, zahlenmäßig beschränkt und im übrigen ohne »proletarisches« Klassenbewußtsein.

Das an dem industriellen Entwicklungsstand in Westeuropa orientierte *Kommunistische Manifest* von Marx und Engels ist in der Arbeiterschaft der Jahrhundertmitte noch so gut wie unbekannt. Es wird seine propagandistische Wirkung erst von den sechziger Jahren ab entfalten, in denen mit dem Aufschwung der Großindustrie die Zahl der Lohnabhängigen wächst und die wirtschaftlich-soziale Notlage zum Nährboden für sozialistische Programme wird.

Die technischen Erfindungen im letzten Drittel des 18. Jahrhunderts in England – James Watts Dampfmaschine, der Kokshochofen, der mechanische Webstuhl und die Spinnmaschine – haben zunächst auf den britischen Inseln, dann in Kontinentaleuropa und im atlantischen Amerika die Produktionstechnik in Bergbau, Eisenerzeugung und Textilfabrikation revolutioniert. Die grundlegende Verwandlung der Transporttechnik ist gefolgt: Seitdem Stephenson 1830 mit seiner Dampflokomotive zwischen den Industriezentren Liverpool und Manchester die erste Eisenbahnstrecke der Welt eröffnet hat, beginnt das neue Verkehrsmittel die ganze westliche Welt zu erobern. Die Modernisierung der Eisen- und Stahlerzeugung ermöglicht die Konstruktion der dampfgetriebenen Eisenbahn, und deren Bau wiederum beflügelt die Produktion der Schwerindustrie.

Die Industrialisierung aber verwandelt auch das Gesicht der politischen, sozialen und geistigen Welt. Um die Jahrhundertwende entsteht auch in Zentraleuropa ein immer dichter werdendes Netz von eisernen Schienensträngen, auf denen mit wachsender Geschwindigkeit und Transportfähigkeit Güterbahnen Rohstoff und Maschine zusammenführen und Personenzüge Menschenmassen über große Landstrecken bewegen. Das wirtschaftlich führende Bürgertum sieht in der verkehrstechnischen Überwindung von Zeit und Raum nicht nur die geschichtliche Chance nationaler Vereinigung, sondern zugleich unerhörte Möglichkeiten der Volksbildung durch geistige Horizonterweiterung. Auch der gesamte europäische Kontinent, so meint man in gewohntem Fortschrittsoptimismus, werde durch die mit dem Eisenbahnbau intensivierte friedliche Begegnung der Völker zu einem einheitlichen Ganzen zusammenwachsen.

England ist in dieser Epoche nicht nur technisch-industriell allen Konkurrenten im europäisch-atlantischen Raume weit voraus. Es erlebt auch als erstes Industrieland der Erde die politisch-soziale Problematik, die aus der technisch-wirtschaftlichen Revolution aufsteigt. In den Zentren britischer Industriemacht um Liverpool und vor allem Manchester prägen sich zwei neue für das Maschinenzeitalter typische Gesellschaftsschichten mit aller Deutlichkeit zuerst aus: die führende – zahlenmäßig schmale – Schicht der Fabrikunternehmer und die ständig wachsende Klasse der Industriearbeiter, der Vierte Stand.

Technischer Fortschritt, privatkapitalistisches Gewinnstreben und die Freihandelsdoktrin von Adam Smith verbinden sich im »Manchestertum« auf das wirkungsvollste. In ihrem rastlosen Bemühen um ökonomische Ausnutzung neugeschaffener technischer Kapazitäten, um unablässige Vermehrung von Produktion, Kapital und persönlichem Vermögen wollen die Fabrikanten sich weder durch feudale und staatlich-bürokratische Hemmnisse noch durch soziale Bedenken behindern lassen. Sie fordern unbedingte Handlungsfreiheit des wirtschaftlich tätigen Individuums und völlig freien Wettbewerb aller ökonomischen Kräfte, auch über Ländergrenzen hinweg. Zur Freiheit des Unternehmers gehört nach ihrer Anschauung das Recht der schonungslosen Ausnutzung der Arbeitskraft, die so gewinnträchtig wie möglich in der fabrikmäßig-maschinellen Massenproduktion eingesetzt werden muß. Die sozialen Härten, die sich für die Lohnarbeiterschaft hieraus ergeben, werden als zunächst unvermeidliche Begleiterscheinungen des Konkurrenzkampfes auf allen Märkten angesehen. Auf lange Sicht wird sich aber von selbst – so glauben mit Richard Cobden alle entschiedenen Anhänger der Freihandelslehre – der Volkswohlstand im Zeichen des Wirtschaftsliberalismus heben.

Die Masse der Arbeiterbevölkerung erfährt in jenen Jahrzehnten bitter, daß absolute Freigabe von industrieller Produktion und Handelskonkurrenz im Sinne des »Manchestertums« die rücksichtslose Herrschaft des Starken über den Schwachen bedeutet. Da der Staat der Devise des *Laissez faire* folgt und sich des wirtschaftlich Schwachen zunächst in keiner Weise annimmt, scheint dem »Vierten Stand« angesichts der täglichen Fron schließlich nur ein Ausweg zu bleiben: Der Zusammenschluß der Fabrikarbeiterschaft zum gemeinsamen Protest gegen unerträgliche Arbeits- und Lebensbedingungen und zum organisierten Kampf für soziale Reform und politische Gleichberechtigung. Die Erschütterungen, die das Aufbegehren des »proletarischen« Arbeiters gegen die herrschende Ordnung in Wirtschaft und Politik herbeiführt, verschonen kein europäisches Land, in dem der industrielle Fortschritt Platz greift. Hinter dem Siegeszug von Technik und Kapitalismus erhebt sich bedrohlich die soziale Frage.

Schon früh haben sich in England und Frankreich bürgerliche Intellektuelle äußerst kritisch mit dem kapitalistischen Wirtschaftssystem und seinen Folgen für die Gesellschaft auseinandergesetzt. Sie erhoffen zumeist eine Befreiung der jetzt unterdrückten und verarmten Volksschichten durch eine Vergesellschaftung der Produktionsmittel im Rahmen einer genossenschaftlichen Gemeinwirtschaft. Die radikaleren unter diesen frühen »Sozialisten« nennen sich seit den dreißiger Jahren in Frankreich bereits »Kommunisten«. Zur Verbreitung ihrer Ideen verfassen sie eine Vielzahl von Schriften und gründen sozialistische Zirkel und Komitees.

Die unmittelbare Breitenwirkung ihrer publizistischen Aktivitäten ist nicht sehr groß. Geschichtlich wirksam werden ihre sozialphilosophischen und historischen Theorien jedoch indirekt durch den Einfluß, den sie auf das Denken von Karl Marx ausgeübt haben. Dieser später erfolgreichste Theoretiker der sozialen Revolution findet bereits in den Schriften der frühen französischen Kommunisten die Interpretation der Menschheitsgeschichte als Abfolge von »Klassenkämpfen« sowie die Theorie, daß der »Vierte Stand«, die unterdrückte Arbeiterklasse, gegenüber dem besitzenden Bürgertum die gleiche geschichtliche Mission zu übernehmen habe wie vorher der »Dritte Stand« gegenüber der Feudalaristokratie.

»Der wissenschaftliche Sozialismus«, den Marx zusammen mit dem vermögenden Fabrikantensohn Friedrich Engels zu begründen versucht und der als »Marxismus« Schule machen wird, geht auf vielfältige Quellen zurück. Seine allgemeine geistesgeschichtliche Grundlage ist die Aufklärungstradition. Aus ihr stammen etwa die rationalistischen und utilitaristischen Züge des Menschenbildes in der Marxschen Lehre. Aus der Philosophie Hegels übernimmt Marx vor allem den historischen Determinismus sowie die Vorstellung von einem dialektischen Entwicklungsprinzip. Die Theorien der französischen Frühsozialisten verbindet Marx auf seine Weise mit den volkswirtschaftlichen Thesen, die er bei Adam Smith und David Ricardo vorfindet. Friedrich Engels jedoch trägt die konkrete Erfahrung und Analyse der sozialen Wirklichkeit in einem Industrieland bei, das vom »Manchestertum« geprägt wird: Engels' Schrift *Die Lage der arbeitenden Klassen in England* stellt einen wichtigen Anknüpfungspunkt für das *Kommunistische Manifest* von 1847 dar.

Die marxistische Lehre präsentiert sich als Resultat angeblich empirischer Geschichts- und Sozialforschung und »objektiver« Untersuchungen volkswirtschaftlicher Fakten im Industriezeitalter. Jedoch erweisen sich beim näheren Hinschauen ihre apriorischen Annahmen, insbesondere über die Natur des Menschen und die unumstößliche Gesetzlichkeit des Geschichtsverlaufs, als die wesentlichen Elemente. Es ist der Sozialrevolutionär Marx, der dem Gelehrten Marx die Feder geführt hat. Es sind idealistische Vorstellungen von sozialer Gerechtigkeit und gesellschaftlicher Freiheit, in deren Bann das »wissenschaftliche« Bemühen um historische und zukunftsweisende »Erkenntnis« seine literarischen Früchte zeitigt. So ist der »Marxismus« eigentlich nur zu verstehen vor dem Hintergrund der Frühschriften seines Schöpfers, der 1845 unter anderem den bezeichnenden Satz niederschreibt: »Die Philosophen haben die Welt nur verschieden interpretiert; es kömmt darauf an, sie zu verändern.«[14]

Im *Kommunistischen Manifest* setzt dieser Veränderungswille seine ganze Hoffnung auf das Industrieproletariat, das Träger der mit »Naturnotwendigkeit« kommenden Weltrevolution sein soll und damit die ganze Menschheit in eine freiere, gerechtere, friedlichere Zukunftswelt führen wird, der gewissermaßen paradiesische Züge zugeschrieben werden können. Marx ruft die Proletarier aller Länder auf, sich unter Führung der »Kommunisten« gegen die herrschenden Klassen zusammenzuschließen und die »kommunistischen« Endziele »durch den gewaltsamen Umsturz aller bisherigen Gesellschaftsordnung« zu verwirklichen. Der Gelehrte Marx, dessen Beitrag zur politischen Theorie in seinem Hauptwerk *Das Kapital* gipfelt, versucht sich in den sechziger Jahren des 19. Jahrhunderts auch als politischer Praktiker. Jedoch die von ihm gegründete »Internationale Arbeiter-Assoziation« (die sogenannte »I. Internationale«), von ideologischen Richtungskämpfen zwischen Marx-Anhängern und »Anarchisten« zerrissen, löst sich bald wieder auf.

Die marxistische Doktrin als solche gewinnt dagegen nach und nach beherrschenden Einfluß in den sich überall in Europa bildenden sozialistischen Parteien. Die sozialdemokratischen Programme sind begrifflich geprägt von den Thesen des 1883 verstorbenen Revolutionärs und die populären Parolen der sozialistischen Agitatoren Kontinentaleuropas und überseeischer Länder entstammen der Ideologie und dem Wortschatz von Karl Marx. Die Faszination seiner Lehre liegt in ihrer Doppelsinnigkeit: Sie ist mythische Prophetie und versucht gleichzeitig, wissenschaftlich zu argumentieren. Damit trägt sie der Wissenschaftsgläubigkeit des Industriezeitalters Rechnung und spricht zugleich das irrationale Glaubensbedürfnis auch breiterer Bevölkerungsschichten an. *Kommunistisches Manifest* und *Kapital* sind trotz der inzwischen nachgewiesenen Irrigkeit wesentlicher Grundannahmen und Zukunftsprognosen nach den historischen Erfahrungen mit Lenin, Stalin und Mao, ja selbst nach dem Zusammenbruch des Sowjetsystems gegen Ende des 20. Jahrhunderts, für Millionen von »Sozialisten« so etwas wie »Heilige Schriften« geblieben. Wenn die Europäisierung der Erde im 19. Jahrhundert einen neuen Höhepunkt erreicht, so ist bei der Verwandlung der außereuropäischen

Welt durch abendländisches Ideengut der Einfluß des »Marxismus« nicht zu unterschätzen.

Allen marxistischen Prophezeihungen, allen Appellen an die internationale Solidarität der Arbeiterklasse zum Trotz und ohne Rücksicht auf alle kosmopolitischen Wünsche und Prognosen der europäischen Freihandelsschule bleibt der nationale Gedanke im 19. Jahrhundert die mächtigste politische Triebkraft überhaupt. Nach 1850 setzt sich als gemeineuropäischer Vorgang der Prozeß der Nationalstaatenbildung fort. Im Sinne der »romantischen« Auffassung der Nation als einer völkischen Sprach- und Kulturgemeinschaft werden in Italien und Deutschland nationale Gesamtstaaten aus dynastisch bedingten Teilstaaten errichtet, und in den folgenden Jahrzehnten siegen nationale Sezessionsbewegungen im dahinsiechenden türkischen Großreich. Auch in anderen imperialen Vielvölkerstaaten wie dem Habsburgerreich, dem russischen Zarenreich und in Großbritannien verlangen die Nationalitäten stürmisch nach politischer Selbstbestimmung. Unter Führung des Bürgertums entstehen Volksbewegungen, die bereit sind, gegen in- und ausländische Widerstände den nationalen Verfassungsstaat zu erkämpfen. Parallel zu diesen Entwicklungen vollzieht sich in seit langem politisch geeinten Ländern wie Frankreich und England eine Art innere Nationalisierung: Im Einklang mit der allgemeinen Tendenz zur Demokratisierung von Staatsverfassungen und Staatszwecken verstärkt sich hier wie bei allen europäischen Völkern das nationale Bewußtsein, der Wille zu politischer Selbstentfaltung der Nation nach innen und außen. Durch die Tatsache, daß in zahlreichen europäischen Ländern das Staatsvolk gemäß der jeweiligen Verfassung mehr und mehr Anteil an Gesetzgebung und Regierung erhalten hat, entwickeln die Staaten Europas zunehmend den Charakter von volksgebundenen Leistungs- und Kampfgemeinschaften.

Hat schon die Verwirklichung der italienischen und deutschen Staatsgründung gelehrt, daß auch der Einigungswille ganzer Völker in der harten Welt politischer Realitäten nur mit Mitteln des

Krieges und der modernen Industrie zum Ziele gelangen konnte, so drängt sich allgemein im öffentlichen Bewußtsein der zweiten Jahrhunderthälfte der Machtgedanke stark in den Vordergrund. Allenthalben verblaßt, insbesondere bei den bürgerlichen Führungsschichten, das Vertrauen auf geistig-ideelle Potenzen, auf die Strahlkraft philosophischer Ideale. Das politische Denken orientiert sich immer stärker an realem oder erhofftem Zuwachs wirtschaftlich-technischer und militärischer Macht des nationalen Staates.

Dabei soll sich die jeweilige Staatsindividualität als geschlossenes Ganzes deutlich von allem »Ausland« abgrenzen. Diese Vorstellungen gewinnen in der Öffentlichkeit, in Wirtschafts- und Regierungskreisen die Oberhand in einer Zeit, wo Technik und Industrie in stürmischer Weiterentwicklung gerade Kommunikation und Zusammenrücken der Völker des Kontinents, ja des ganzen Erdballs in ungeahnter Weise zu begünstigen scheinen. Dampfschifflinien verbinden Europa mit der überseeischen Welt. Eisenbahnnetze werden dichter und erschließen dem Massenverkehr immer neue Gebiete, Telegraphenleitungen erlauben rasche Nachrichtenübermittlungen über riesenhafte Entfernungen hinweg. Der internationale Handelsaustausch wächst sprunghaft an.

Mit der Gründung des Deutschen Reiches durch den preußischen Staatsmann Otto von Bismarck, der im rechten Augenblick den Bund der alten dynastischen Gewalten mit der bürgerlich-nationalen Bewegung geschlossen hat, ist im europäischen Staatensystem eine Gewichtsverlagerung zur Mitte des Kontinents hin eingetreten. Deutschland wird zum stärksten Machtfaktor in Europa und Bismarck der führende europäische Staatsmann, dessen Politik die europäischen Mächtekonstellationen zwanzig Jahre lang maßgebend mitgestaltet.

In der Überzeugung, daß das neugeschaffene Reich zu seiner inneren Konsolidierung und in seiner exponierten geopolitischen Situation vor allem Frieden in Europa brauche, baut Bismarck mit überlegener diplomatischer Kunst ein System von Bündnisbeziehungen auf, das diesem nüchtern gesehenen Sicherheitsbedürfnis Rechnung trägt und gleichzeitig eine kontinentale Ordnungs- und Ausgleichsfunktion wahrnimmt. Sein von sittlichem Verantwortungsbewußtsein und zugleich von kühler Staatsräson bestimmtes Bemühen um Friedenswahrung liegt letzten Endes auch im Interesse anderer Großmächte, deren leitende Staatsmänner zunehmend Vertrauen fassen zu der Berliner Politik, die erkennbar darauf abzielt, das europäische Mächtegleichgewicht immer neu auszutarieren. Eckpfeiler im Bismarckschen Bündnissystem sind die konservativen Kaiserreiche Deutschland, Österreich und Rußland. Bismarck, der selbst preußischer Gesandter in Rußland gewesen ist, legt Wert darauf, daß der »Draht nach Sankt Petersburg« nicht abreißt. Dies ist durchaus nicht selbstverständlich, da sich das Verhältnis zwischen den beiden deutschen Bündnispartnern in dem Maße verschlechtert, wie das Nationalbewußtsein der slawischen Völker in der Donaumonarchie wächst und das Zarenreich als Schutzmacht aller Slawen und als Kernland eines künftigen slawischen Gesamtstaats auftritt (»Panslawismus«).

Andererseits wird das Deutsche Reich durch die zunehmende britisch-russische Konfrontation in Asien außenpolitisch entlastet. Während die Briten ihre Stellung im östlichen Mittelmeer, im Pazifik und auf dem indischen Subkontinent ausbauen, drängt Rußland aus geostrategischen und religiösen Gründen zu den Meerengen; es erobert den zentralasiatischen Raum und stößt sogar nach Persien und Afghanistan vor. Große Sorgen bereitet den Briten auch der Ausbau der russischen Pazifikflotte und der Marinebasis Wladiwostok (»Beherrsche den Osten!«). Dies alles führt zu einer vorsichtigen Annäherung zwischen Deutschland und Großbritannien im Sinne einer *Balance-of-Power*-Politik. Solange das Verhältnis zwischen der stärksten europäischen Kontinentalmacht und dem meerbeherrschenden *British Empire* von größeren Reibungen frei bleibt, scheint die Kriegsgefahr in Europa gebannt.

Aber noch im »Zeitalter Bismarcks«, etwa seit Beginn der achtziger Jahre, bereiten sich die machtpolitischen Umwälzungen und

Konflikte vor, die nach dem Sturz des deutschen Kanzlers das europäische Staatensystem auf das tiefste erschüttern und umgestalten. Mit der Demokratisierung der Staaten, der Politisierung der Nationen, der rasch fortschreitenden Technik, den wachsenden wirtschaftlich-industriellen Kapazitäten sowie mit der Bevölkerungsexplosion setzt eine ungeheure Expansionsbewegung der europäischen Mächte jenseits der Meere, auf den anderen Kontinenten ein: Europa gleitet in die Epoche des weltpolitischen Imperialismus hinein.

Bei diesem Drang der europäischen Nationalstaaten, Herrschaftsgebiete in außereuropäischen Regionen zu erwerben, wirken verschiedene Motive zusammen: Nationales Macht- und Prestigebedürfnis, Streben der Wirtschaft nach Absatzmärkten und Rohstoffquellen, Tendenzen zur Ableitung des heimischen Bevölkerungsdrucks und innenpolitischer Spannungen in koloniale Siedlungsräume, religiöse und zivilisatorische Missionsideen. Die imperialistische Politik schafft durch die vielfachen Rivalitäten in aller Welt neue Reibungsflächen zwischen den europäischen Großmächten, und die entstehenden Kolonialkrisen wirken auf die Politik in Europa zurück. So verschieden die konkreten nationalen Ausgangssituationen der beteiligten Mächte, die jeweiligen Mischungsverhältnisse der Triebkräfte, die imperialen Konzepte sind, so sehr unterscheiden sich auch Intensitätsgrade und Formen der politischen Durchdringung der außereuropäischen Räume: Ansprüche auf totale Annexion und Assimilation stehen neben Versuchen zur Schaffung von Protektoraten oder von bloßen »Einflußsphären«. Beim Ausbruch des Ersten Weltkrieges sind über 84 Prozent der Erdoberfläche in europäischer Hand.

Der Kolonialismus europäischer Nationen ist in seinen Folgen für die Grundstrukturen der fremden Länder durchaus ambivalent: Einerseits zerstört er gewachsene Sozialverbände und Kulturtraditionen, bringt er für die Kolonialvölker Unfreiheit und Ausbeutung mit sich, andererseits wirkt er in zivilisatorischer und technisch-industrieller Hinsicht auch befruchtend und aufbauend in den beherrschten Regionen. Die Einführung moderner Medizin und Hygiene, die Entwicklung des Bildungs- und Hochschulwesens, die verkehrstechnische und ökonomische Erschließung der Länder sind Leistungen der Europäer in Übersee, von denen die zunächst unterworfenen, später frei werdenden Kolonialvölker, langfristig gesehen, profitieren können.

Die prägende Kraft europäischer Zivilisation verbindet sich mit der Ausdehnung imperialer Herrschaft in der Welt. Daß diese zivilisatorischen Leistungen auch dann das Leben von Völkern umgestalten können, wenn keine unmittelbare koloniale Unterwerfung erfolgt, zeigt das Beispiel Japans. Hier ist ein stolzes und diszipliniertes Volk Asiens mit einer sehr alten eigenen Kultur so fasziniert von den technisch-organisatorischen und geistig-kulturellen Errungenschaften des weißen Mannes, daß es sich – nachdem einmal der Anstoß von außen gegeben ist – mit geradezu atemberaubender Beschleunigung und Konsequenz Ideen, Erfindungen, Einrichtungen des modernen Europa und des von ihm geprägten Nordamerika aneignet. Verkehrsmittel, Produktions- und Finanzierungsmethoden, militärische Rüstung, Staatsverfassung, Schulbildung, Kleidertracht und Genußmittel der Weißen setzen sich im japanischen Inselreich durch mit allen positiven und negativen Implikationen. Und infolge der geschickten Anpassung an den Westen, infolge der produktiven Verarbeitung europäischer Zivilisationsgüter steigt Japan in den Kreis der Imperialmächte auf zur gleichen Zeit wie die Vereinigten Staaten von Amerika, Europas »Neue Welt«.

Der weitgehend vom Bürgertum geprägte nationale Machtstaat und die ökonomisch-technischen Kapazitäten und Interessenimpulse des bürgerlich-kapitalistischen Wirtschaftssystems sind wesentliche Voraussetzungen und Determinanten der imperialistischen Weltpolitik. Doch gewinnen auch die Massen der kleinen Leute wirtschaftliche Vorteile durch die imperiale Expansion im Industriezeitalter und gewähren nationalimperialistischen Parolen durchaus Gehör und Unterstützung. Die internationalen Krisen, die um die Jahrhundertwende die europäische Staatenwelt durchzittern, erzeugen in der Öffentlichkeit der beteiligten Länder aufbrandende und abebbende Wellen von patriotischen, nationalistischen, ja chauvinistischen Gefühlen, die auch vor der Arbeiterschaft keineswegs haltmachen.

Angesichts ihres gehobenen Lebensstandards und der Zunahme politischer Rechte und sozialer Sicherheit infolge staatlicher Reformen identifizieren die Industriearbeiter sich mehr und mehr mit ihrem Staat. Obwohl die sozialistischen Parteiströmungen stark bleiben und Sozialisten allerorten Opposition gegen bürgerlich-aristokratische Regierungen betreiben, obwohl die Namen Marx und Engels von Millionen in Ehren gehalten werden, ist der revolutionäre Internationalismus als solcher zum Scheitern verurteilt. Marx hatte geschrieben, daß »der Arbeiter kein Vaterland habe«.[15] Das Verhalten der Arbeitermassen aller europäischen Länder, insbesondere beim Kriegsausbruch 1914, widerlegt diese These gründlich.

Überhaupt steht es in Europa und Amerika schlecht um die Erfüllung marxistischer Revolutionserwartungen: Die Prognose, daß die kapitalistische Gesellschafts- und Wirtschaftsordnung über die Verelendung des Proletariats zu ihrem eigenen Zusammenbruch und zum naturnotwendigen Sieg sozialistischer Revolution führen werde, hat sich nicht bewahrheitet. Das bürgerlich-kapitalistische System erweist sich nicht nur als fähig, seine technisch-ökonomische Effizienz ständig zu steigern, sondern auch die schlimmsten Rücksichtslosigkeiten seines Frühstadiums in sozialen Reformen zu beseitigen. Die herrschenden Klassen verschließen sich der sozialpolitischen Einsicht auf die Dauer keineswegs. Aristokratische Regierungsführer wie Fürst Bismarck und bürgerliche Parlamentarier bringen ungeachtet verschiedener antisozialistischer Maßnahmen eine staatliche Sozialgesetzgebung in Gang, die die Lebensbedingungen der Industriearbeiterschaft humanisieren. In mehreren europäischen Ländern integrieren sich sozialdemokratische Parteien mehr und mehr in das

Staatsleben. Die Sozialisationskraft des nationalen Staates ist stärker, als marxistische und anarchistische Intellektuelle erwartet haben. Er kann durch soziale, »klassenkämpferische« Erschütterungen wohl gefährdet werden, aber übernationale Standesinteressen überwinden und ersetzen ihn nicht.

Die Bewußtseinslage der führenden Schichten um die Jahrhundertwende ist vom Stolz auf zivilisatorische und machtpolitische Errungenschaften der Zeit und von hochgemutem Optimismus bestimmt. Der Fortschrittsglaube scheint seine schlagendste Rechtfertigung zu finden in den Leistungen der abendländischen Naturwissenschaft, den Fortschritten der Humanmedizin, den technischen Neuerungen wie elektrisches Licht, Telephon und Automobil, der bevorstehenden Eroberung der Luft. Überall heben sich Lebensstandard und Komfort, nimmt die Allgemeinbildung sichtlich zu, wachsen die Chancen zu modernisierenden Eingriffen in Staat und Gesellschaft. Man genießt die Weltgeltung des eigenen Staates und die zivilisatorische Überlegenheit Europas. Man blickt fasziniert auf die Möglichkeiten, den Erdball weiter zu erforschen, zu bereisen und zu beherrschen. Das Kraftgefühl dieser Generation fördert die Vorstellung vom Recht des Stärkeren in der Weltpolitik und Weltwirtschaft und neigt dazu, naturwissenschaftliche Beobachtungen und Thesen der Darwin-Schule über den »Kampf ums Dasein« und die »natürliche Auslese« auf die Deutung des Völkerlebens zu übertragen. Die naturwissenschaftlich-monistische und die materialistische Weltanschauung finden in popularisierter Form allgemeine Verbreitung.

Sieht man vom »Jugendstil« ab, so scheinen die schöpferischen Kräfte der Kunst allerdings zu erlahmen. Eklektizismus beherrscht die Architektur. Der Begriff des Schönen verliert sich nicht selten in Pomp und Zierat. Auf dem Gebiet gesellschaftlicher Moral, auch in Religion und Wissenschaft, zeigen sich Tendenzen zur Erstarrung im Konventionellen.

Manche skeptischen, zeitkritischen Stimmen werden laut, die der Selbstgewißheit und dem Zukunftsoptimismus der wirtschaftlich, sozial und politisch Erfolgreichen widersprechen. Düstere Visionen eines Jacob Burckhardt und eines Friedrich Nietzsche finden brillanten literarischen Ausdruck. Hinter der Fassade von Wohlstand und Aufstieg breiten sich in Intellektuellenkreisen Gefühle der Resignation und der *Décadence* sowie Kulturpessimismus aus. Diesen Empfindungen und Vorstellungen entspricht Oswald Spenglers schon vor 1914 konzipiertes Werk über den *Untergang des Abendlandes*.

Plattem Rationalismus und Wissenschaftsglauben antwortet eine irrationalistische Geistesströmung, die von der Rätselhaftigkeit der menschlichen Psyche und Existenz überzeugt und fasziniert ist. – In der Kunst und in den Naturwissenschaften bereiten sich tiefgreifende Umwälzungen vor, die einerseits etwa mit den Namen Arnold Schönberg und Wassily Kandinsky, andererseits mit dem Wirken Max Plancks, Niels Bohrs und Albert Einsteins verbunden sind.

In der Welt der internationalen Politik haben sich in den ersten anderthalb Jahrzehnten des 20. Jahrhunderts immer mehr Explosivstoffe, nervöse Reizbarkeit und in Aggressivität umschlagendes Krisenbewußtsein herausgebildet. Der Zusammenprall der Kriegsmaschinerien 1914/18 wird dann aber nicht durch kolonialimperialistische Konflikte, sondern durch kontinental-europäische Antagonismen und bündnispolitische Komplikationen ausgelöst. Der nationalistische Unabhängigkeits- und Geltungsdrang der Balkanvölker gegenüber dem türkischen Reichsgebilde und den habsburgischen Herrschaftsansprüchen verbindet sich mit den machtpolitischen Kalkulationen und dem Prestigebedürfnis des russischen Großreiches. Das Deutsche Reich unterstützt bedingungslos den österreichisch-ungarischen Vielvölkerstaat als seinen letzten Bundesgenossen. Die Konfrontation ist nicht mehr lokalisierbar, da internationale Allianzverpflichtungen, Rüstungs- und Mobilmachungsmechanismen, Prestigerücksichten sowie zur Offensive geneigtes Sicherheitsbedürfnis sämtliche europäischen Großmächte auf den Plan rufen. »In Europa gehen die Lichter aus«,[16] sagt ahnungsvoll ein englischer Staatsmann angesichts des Kriegsausbruchs, und in dem nun folgenden mehrjährigen Erdbeben wird in der Tat die europäische Welt des 19. Jahrhunderts versinken. Ihr Untergang jedoch läßt eine Saat der Gewalt zurück, aus der neue weltweite Katastrophen hervorgehen.

VII Europa im Zeitalter der Weltkriege

Der Zusammenprall der Imperialismen, der 1914 die Völker und Staaten Europas in ein kriegerisches Inferno von bisher unbekannter Vernichtungskraft hineinreißt, erscheint im Rückblick der Heutigen wie schon im Empfinden vieler damals Betroffenen als ein letztlich kaum noch vermeidbares Resultat der europäischen Entwicklungen in dem der Katastrophe vorausgehenden Menschenalter. Mag auch historische Forschung und Betrachtung für die Julikrise 1914 nachträglich Bedingungen und Chancen der Friedenserhaltung im einzelnen herausgearbeitet haben, so bleibt doch der Eindruck bestehen, daß es eigentlich einem Wunder gleichgekommen wäre, wenn die Explosion des Pulverfasses aufgestauter Konfliktstoffe, nationalistischer Ambitionen und Ängste sowie militär-technischer Energiepotentiale hätte verhindert werden können. Zu lange schon löste eine politische Nervenkrise die andere ab, zu weit waren Wettrüsten und bündnisstrategische Verflechtungen gediehen, zu sehr waren Regierungen und Staatsnationen einem politischen Denken verhaftet, das im Kriege eine geschichtlich gewissermaßen »normale« Form des Kampfes der Völker »ums Dasein«, eine Möglichkeit der Selbstbefreiung von ausländischen oder innenpolitischen Bedrohungen, eine *Ultima ratio* der Interessenwahrung im Konfliktfalle, ja bisweilen sogar ein ersehntes »Stahlbad« heroischer Selbstentfaltung sah.

Der nationale Burgfrieden, den Parteien und Klassen in den beteiligten Staaten bei Ausbruch des Ringens geschlossen haben, beginnt unter dem Eindruck der beispiellosen Zerstörungen und Verluste, Kraftanspannungen, Entbehrungen und Niederlagen nach zwei Jahren zu wanken. Der Streit um Kriegsziele und Friedensbedingungen bricht auf, Klassengegensätze und parteipolitische Richtungskämpfe treten wieder hervor, Regierungen und militärische Führungen werden schärfer kritisiert, Zweifel am Sinn des Weiterkämpfens, ja des Krieges überhaupt werden lauter.

1917 wird zum Epochenjahr: mit dem Kriegseintritt der USA auf seiten der parlamentarisch verfaßten Ententestaaten des Westens und mit dem Zusammenbruch des Zarenreiches im Chaos der russischen Revolution. Das unverbrauchte Großmachtpotential Amerikas entscheidet den Weltkrieg in einem Europa, das in verbissener Selbstzerfleischung, in aufgewühlten Massenleidenschaften und schließlich in der Erschöpfung seiner materiellen Reserven zunehmend paralysiert erscheint, unfähig zu Friedenslösungen aus eigener Kraft.

In Gestalt des amerikanischen Präsidenten Wilson und des Bolschewistenführers Lenin treten sich 1917 zwei ideologisch-politische Prinzipien gegenüber, die – in ihrem Widerspiel – mit der Mobilisierung gewaltiger Willenskräfte und mit Hilfe einer zielbewußt ausgebauten Wirtschafts- und Militärmacht das Gesicht Europas und der Welt im 20. Jahrhundert grundlegend verändern werden. Mögen auch grundsätzliche Unterschiede die ideologischen Glaubenssätze der beiden »Zukunftsmacher« unversöhnlich erscheinen lassen – gemeinsam ist ihnen die programmatische Absage an die Welt des alten Europa mit seinen aristokratischen Führungstraditionen und seiner bürgerlichen Kultur, mit seinem System des Mächtegleichgewichts und der Kabinettspolitik, mit Realität und Anspruch seiner zivilisatorischen und politischen Hegemonie auf allen Kontinenten und Weltmeeren.

Nach seiner Machtergreifung im Zentrum Rußlands, wo nach marxistischem Denkschema die Umwälzung zu diesem Zeitpunkt eigentlich am allerwenigsten zu erwarten steht, ruft Lenin mit erhöhter Zuversicht und Resonanz die »Proletarier aller Länder« zu gemeinsamem Endkampf gegen das kriegszerrüttete und ökonomisch-sozial bankrotte »Ausbeutersystem des Monopolkapitalismus« auf. Seine Parolen verheißen Arbeitern und Kleinbauern Europas und der überseeischen Kolonien mit dem Vollzug der geschichtlich vorherbestimmten Weltrevolution eine Zukunft der sozialen Gerechtigkeit und herrschaftsfreien Gleichheit für alle Menschen, ohne Ansehen des Geschlechts, der sozialen Herkunft, der Volkszugehörigkeit und der Hautfarbe.

Bis zu seinem Tode, wenige Jahre nach dem Weltkrieg (1924), sind Lenin und die ihm ergebenen Gefolgsleute der Überzeugung, daß der universale Zusammenbruch aller bisherigen Gesellschafts- und Staatsordnungen unmittelbar bevorstehe. In der »Kommunistischen Internationale«, deren Zentrale das bolschewistische Moskau wird, glauben sie ein unüberwindliches Instrument weltweiten Umsturzes geschmiedet zu haben.

In den ersten Jahren nach dem geglückten bolschewistischen Putsch werden die Energien der neuen russischen Machthaber allerdings noch weitgehend absorbiert vom Existenzkampf gegen die antibolschewistischen Kräfte des eigenen Landes und die Nöte des wirtschaftlichen Chaos. Sie müssen im Frieden von Brest-Litowsk (1918) auf sämtliche europäischen Randgebiete des alten Zarenreiches vertraglich verzichten und sind außerstande, die Modalitäten der Friedensverhandlungen in Paris und Versailles zu beeinflussen.

Der amerikanische Präsident Wilson, der den Krieg gegen die mittel- und osteuropäischen Monarchien als »Kreuzzug« für eine Welt der liberalen Demokratie und der internationalen Brüderlichkeit zu führen glaubt, sieht in den weltrevolutionären Botschaften aus Rußland eine Herausforderung, die er mit seinem eigenen »Vierzehn-Punkte-Programm« beantwortet. Im Januar 1918 wird das Programm, in bewußter Konkurrenz mit Lenin, der Weltöffentlichkeit als Konstruktionsentwurf für eine fundamentale Neuordnung des internationalen Zusammenlebens bekannt gemacht.

Das Programm, dessen Herkunft aus der geistigen Tradition der Aufklärung evident ist, enthält als Kernpunkte die Postulate des (vorläufig auch von den Bolschewiken ausgerufenen) Selbstbestimmungsrechts der Völker und eines immerwährenden »Völkerbundes«, der allen Nationen auf der Basis der Gerechtigkeit und

Solidarität Frieden und Sicherheit verbürgen soll. Diesen Grundzielsetzungen von weltweiter »Demokratie« und Friedenssicherung entsprechen weitere idealistische Forderungen wie »Öffentlichkeit« internationaler Verhandlungen (unter Absage an die traditionelle Geheimdiplomatie und Kabinettspolitik europäischer Mächte), radikale allgemeine Abrüstung und unbeschränkte Freiheit der Schiffahrt und des Handels in der gesamten Welt.

Die Regierungen der europäischen Mittelmächte akzeptieren angesichts ihres totalen militärischen Zusammenbruchs im Kriege gegen die von Amerika zum Siege geführte Entente die »Vierzehn Punkte« als Grundlage der Friedensverhandlungen, in dem Glauben, daß sich auch die Gegner in Paris und London an die Grundzüge des Programms gebunden fühlten.

Jedoch das Friedensdiktat der Siegerkoalition, das als »Versailler Vertrag« seine tiefen Spuren in die europäische Geschichte des 20. Jahrhunderts eingräbt, trägt weniger die Handschrift des moralischen Optimisten und Spätaufklärers Wilson als die der nationalistischen Machtpolitiker von der Art Clemenceaus, Poincarés und Lloyd Georges. Gegenüber den millionenfachen Rufen der Völkermassen der Ententeländer, die sich als gerechte Sieger empfinden und Bestrafung und Wiedergutmachungsleistungen der allein mit der Kriegsschuld belasteten Besiegten fordern, verhallen die Mahnrufe des US-Präsidenten.

Der »Völkerbund« tritt zwar ins Leben, aber schon seine Koppelung mit dem Vertragswerk von Versailles, das im tiefsten Widerspruch zu dem ersehnten Geiste der ebenfalls vertraglich gesicherten »Völkerverständigung« steht, diskreditiert ihn in den Augen der Unterlegenen und weiter Teile der Weltöffentlichkeit. In der Folgezeit machen sich weitere Geburtsfehler der internationalen Organisation bemerkbar: Da ihr weder die Besiegten noch das bolschewistische Rußland (bis 1934) noch – trotz geistiger Urheberschaft ihres Präsidenten – die Vereinigten Staaten von Amerika angehören, kann sie nicht die erhoffte Universalität erreichen. In der Betrachtung der Deutschen, der Italiener, der Russen und anderer Nationen, für die der Kriegsausgang wenig günstige Resultate gebracht hat, ist die Festlegung des »Völkerbundes« auf den politischen *Status quo* von Versailles der Ausdruck der Tatsache, daß diese Organisation eine Schöpfung der Siegerstaaten ist, die jeglicher Revisionsforderung, und sei sie noch so berechtigt, von vornherein widerstreben. Als Friedensinstrument im Sinne Wilsons aber kann eine internationale Vereinigung, die in einer Zeit fortdauernden machtegoistischen Kalküls auf die selbstverleugnungsbereite Gutwilligkeit ihrer stärksten Mitglieder angewiesen ist, ohnehin kaum funktionieren.

So erscheint vielen Zeitgenossen dieser »Völkerbund« als totgeborenes Kind eines geschichtsfremden Weltverbesserers, der ihm verhaßte europäische Überlieferungen und Verhältnisse überwinden wollte, ohne sie je recht begriffen zu haben.

Die Unterzeichnung der Friedensverträge von Paris und Versailles läßt auch nach dem Verstummen des Waffenlärms den europäischen Kontinent in einem Zustand bitterer Friedlosigkeit zurück, in einer Krisensituation voll gefährlicher Spannungen und Nöte auf politischem, wirtschaftlichem, sozialem und geistigem Gebiet. Die durch Krieg und Revolution angefachten Haßgefühle und Ängste der Massen bleiben wach und bieten Demagogen verschiedener Prägung ein Potential, das der geschickten propagandistischen Mobilisierung harrt.

Nationalistische Leidenschaften erzeugen, wie vor 1914/18, Kriegsgefahren an mannigfachen Staats- und Volkstumsgrenzen. Die kleinräumigen Nationalstaaten, die aus den untergegangenen Reichen der Habsburger und Hohenzollern, der Romanows und der Osmanen in dem Riesengebiet zwischen Ostsee und Ägäis hervorgegangen sind, verstärken das kontinentale Nationalismus-Problem in hohem Maße. In diesem Völker- und Staatengewimmel Ostmitteleuropas und des Balkanraumes herrscht trotz zahlreicher Nichtangriffspakte, Schiedsverträge und Bündnisabsprachen nicht die Politik der freundlichen Nachbarschaft vor, sondern diejenige der Mißgunst und des Mißtrauens. Im Innern sind alle diese neuen

Staatsgebilde verfassungspolitisch und sozial ungefestigt und wirtschaftlich permanent in Schwierigkeiten. Im Vorfeld der unter Stalin erstarkenden sowjetrussischen Großmacht, deren Führer trotz der Devise vom »Sozialismus in einem Lande« die Machtidee der Weltrevolution nie begraben haben, und angesichts faschistischer und nationalsozialistischer Expansivtendenzen sind sie einer Zukunft in nationaler »Selbstbestimmung« keineswegs gewiß.

Nicht nur die Institutionalisierung des »Völkerbunds« und die nationalstaatliche Verselbständigung von Kleinvölkern, die bisher in übernationalen Monarchien integriert waren, stellen Pyrrhussiege der Welterneuerungsidee Wilsons dar: Vor allem der 1919 scheinbar so leuchtende Triumph der demokratischen Staatsform westeuropäisch-amerikanischer Prägung in Mittel- und Osteuropa bleibt vordergründig und ungesichert.

Die neuen Verfassungen mit den aufklärerischen Prinzipien der Volkssouveränität und Gewaltenteilung, des Parteienpluralismus und der Gleichberechtigung aller Staatsbürger finden in zahlreichen Ländern nicht die elementaren Voraussetzungen, die ein liberaldemokratisches Staatswesen funktionstüchtig machen: Es fehlt der Fundamentalkonsens des Staatsvolks über Sinn und Wert gerade dieser Staatsform, ein Konsens, der auch in den Tageskonflikten der Parteien und Interessenverbände einer industriellen Massengesellschaft zerstörerischem Streite entzogen bleiben muß als das Individuen und Gruppen überwölbende Dach, als das undiskutierte Leitbild, für dessen Erhaltung sich auch Kompromisse mit dem innenpolitischen Gegner und persönliche Opfer lohnen. Die Urteilsfähigkeit und die auf Selbstdisziplinierung basierende »Mündigkeit« der Wähler, ihre Einsicht in die Notwendigkeit des parteipolitischen Verzichts auf die lebensfeindliche Einstellung »Alles oder nichts«, vor allem der Respekt und die sich daraus ergebende Toleranz gegenüber dem Andersdenkenden – alle diese Grundlagen können erst in jahrzehntelanger Praxis demokratischen Zusammenlebens wachsen, nicht von heute auf morgen »eingeführt« werden.

Wenn demnach nicht nur fundamentale und nur in geschichtlicher Erlebnistradition heranreifende Voraussetzungen für eine funktionierende freiheitliche Demokratie fehlen, wenn dazu auch noch die durch Krieg und Revolution bedingte wirtschaftliche Not und Ratlosigkeit kommen, die soziale Entwurzelung und Deklassierungsangst und der aus der Niederlage im Weltkrieg resultierende Verlust nationaler Rechtsansprüche und nationaler Achtung im Kreise der erfolgreicheren Staaten – dann ist innenpolitisch und international das »liberale System« in höchster Gefahr. Es naht die Stunde der *terribles simplificateurs*, vor denen ein Jacob Burckhardt angesichts des Aufstiegs der Massen im Zeitalter der Industrialisierung und Demokratisierung ahnungsvoll gewarnt hat: Es beginnt immer hoffnungsfroh mit den Parolen von demokratischer Gleichheit und Freiheit, Volkssouveränität und größtmöglichem materiellem Glück der größtmöglichen Zahl und endet in der durch geniale Demagogie in den Sattel gehobenen Tyrannei charismatischer »Führergestalten«, die in einer wohldosierten Mischung von suggestiven Propagandaformeln und polizeistaatlicher Herrschaft gläubigen und urteilslosen Massen mit jakobinischer Bedenkenlosigkeit zu angeblichem »Heile« voranschreiten.

Auf dem Boden des »liberalen Systems«, der parlamentarischen Demokratie und der privatkapitalistischen Wirtschaftsordnung, einem in den zwanziger Jahren von ökonomischen Weltkrisen und bürgerkriegsähnlichen Spannungen geschüttelten System, in dem die Furcht vor der als weltweit empfundenen kommunistischen Revolutionsdrohung die Ober- und Mittelschichten der Staatsvölker beherrscht, bieten demagogische Führer neuartiger politischer Massenorganisationen mit kämpferisch-heroischer Gestik rettende Hilfe vor Bolschewismus und »abendländischem Kulturverfall« an. Vom Befehls-Gehorsams-Gebot der Kriegszeit geprägte Soldaten, die den Grimm über Niederlagen und nationale Demütigungen besonders tief empfinden, bäuerliche und kleinbürgerliche Mittelschichten, die sich als Opfer der Inflation und eines übermächtigen Großkapitals sowie als Leidtragende der zynischen Zersetzung aller überkommenen Werte durch eine »überfremdete Asphaltkultur« sehen, von Arbeitslosigkeit bedrohte Fabrikarbeiter und Akademiker, Jugendliche und Familienväter – sie alle, in äußere und innere Not geraten, aber entschlossen, sich gegen Deklassierung und Verproletarisierung aufzubäumen, hören auf den Ruf faschistischer Volkstribunen und ihrer militanten, radikal hingabebereiten Gefolgschaften.

In den zwei Jahrzehnten nach dem Ersten Weltkrieg scheitert die pluralistische parlamentarische Demokratie nicht nur in Mittelmeerländern wie Italien, Spanien, Portugal und Griechenland und in Balkanstaaten wie Jugoslawien, Bulgarien und Rumänien, sondern auch im Baltikum und in Polen. Überall kommen autoritäre oder diktatorische Regime zum Zuge, deren Sieg zumeist Ausdruck des Abwehrwillens gegen Bürgerkriegschaos und sozialistischen Umsturz ist.

Die von den USA ausgehende weltweite Erschütterung des kapitalistischen Wirtschaftssystems verschärft auf dem europäischen Kontinent zu Beginn der dreißiger Jahre die Krise der Demokratie. In Deutschland geht die Weimarer Republik, die seit ihrer »improvisierten« Gründung 1919 von Seiten kommunistischer, monarchistisch-konservativer und national-revolutionärer Kräfte angefeindet wird, einem ruhmlosen Ende entgegen.

Die mit den Namen Stresemann und Briand verbundenen Hoffnungen auf friedlichen Ausgleich zwischen Siegern und Besiegten von 1918 und auf europäische Zusammenarbeit werden zunichte. Die Wirtschaftskrise wirft jedes europäische Land auf seine eigenen Nöte zurück. In der Frage der allgemeinen Abrüstung sind nationale Hegemonialbestrebungen, Sicherheitsbedürfnisse und Souveränitätsansprüche stärker als der Wunsch nach Frieden im Geiste des Völkerbundes.

Die feierliche Ächtung des Krieges durch den von sechzig Nationen unterzeichneten Kellogg-Briand-Pakt und die Anerkennung des Prinzips schiedsgerichtlich-friedlicher Lösung aller Streitigkeiten bleiben Lippenbekenntnisse, an die sich im Konfliktfall kein souveräner Staat gebunden fühlt. Machtlos schaut der Genfer Völkerbund zu, als das faschistische Italien unter Mussolini zu imperialen Abenteuern in Afrika aufbricht, als das nationalsozialistische Deutschland Stück für Stück das Versailler Vertragswerk zerbricht, als die spanischen Bürgerkriegswirren das kommunistische Rußland, die westlichen Demokratien und die faschistischen Mächte auf den Plan rufen und die Iberische Halbinsel für drei Jahre zum Kriegsschauplatz aller konkurrierenden Ideologien und Machtansprüche der Zeit wird, die aus der egalitären Massendemokratie des Industriezeitalters aufsteigen.

Im Ringen um Spaniens politische Zukunft kristallisiert sich deutlicher als je zuvor die bange Frage nach der Zukunft europäischer Lebensformen heraus:
Wird sich die bürgerlich-liberale Idee der parlamentarischen Demokratie mit ihren Schutznormen für die freie Entfaltung des Individuums und den freien Wettbewerb der Interessengruppen behaupten können gegen den Ansturm totalitärer Ideologien mit ihrer zynischen Verachtung der Persönlichkeitsrechte und ihrer zwangsstaatlichen Gleichschaltung aller eigenständigen Gruppierungen? Diese Grundfrage nach dem politischen Schicksal des Kontinents impliziert für die Anhänger der freiheitlichen Staats- und Gesellschaftskonzeption weitere schwerwiegende Fragen: Welche Variante des sozialrevolutionären Kollektivismus bedroht die europäischen Freiheitstraditionen stärker – der inzwischen mit dem großrussischen Nationalimperialismus verschmolzene Sowjetkommunismus oder der einen irrationalen Rassenmythos militant vertretende Nationalsozialismus? Wäre es auf lange Sicht klug, für den Fall einer weltweiten kriegerischen Auseinandersetzung ein Bündnis mit den antibolschewistischen Regimen in Mittel- und Südeuropa einzugehen, um Westeuropa vor Moskaus »Kommunistischer Internationale« zu bewahren? Oder wäre es umgekehrt notwendig, in dem antifaschistischen Sowjetrußland den potentiellen Bundesgenossen für den Kampf gegen die imperialen Expansivtendenzen der faschistischen »Achsenmächte« zu sehen?

Mit Aufmerksamkeit haben politische Kreise der westlichen Industrieländer registriert, daß Hitler in Mitteleuropa dem Vormarsch des Sowjetmarxismus mit brutaler Energie entgegengetreten ist, daß er der revolutionären Idee der im »Führerstaat« zu monolithischer Einheit verschmolzenen, kämpferischen »Volksgemeinschaft« gegen »unversöhnlichen Parteienstreit« und »zerstörerischen Klassenkampf« Bahn gebrochen zu haben scheint. Er versteht es mit seiner Wirtschafts- und Sozialpolitik die Idee der Klassenversöhnung glaubhafter zu machen. Seine »Bewegung« und sein Staat haben bereits große Teile der Arbeiterschaft zu sich herübergezogen und sie damit gegen die Komintern-Propaganda immunisiert.

Dem in Europa gerade in Intellektuellenkreisen verbreiteten Mythos von der historischen und ideologischen Unbesiegbarkeit des Marxismus hat dieser sogenannte »Nationale Sozialismus« einen kräftigen Stoß versetzt. Und was sein unduldsames Führerprinzip betrifft, so scheint es zahlreichen Zeitgenossen durchaus zeitgemäß zu sein: Die cäsaristischen Tendenzen in diesem industriellen Massenzeitalter überall in Europa, von Moskau bis Madrid und von Athen bis Warschau, sind unverkennbar, ja, auch in Washington macht sich unter F. D. Roosevelt eine Art autokratischer Führungsstil bemerkbar. In Deutschland stellt sich trotz der anachronistisch wirkenden Elemente in der propagierten »Weltanschauung« das Regime in mancher Hinsicht zudem als höchst modern und fortschrittlich dar: Das gilt insbesondere für Einsatz und Entwicklung aller Mittel moderner Technik in Industrie und Massenbeeinflussung.

Alle diese Beobachtungen über das Hitler-Deutschland der dreißiger Jahre wecken im romanischen und angelsächsischen Westen Europas, bis hinein in manche Regierungskreise, gewisse Sympathien. Sollte man sich mit diesem Deutschland trotz seiner ungebärdigen Forderungen nach Revision des »Versailler Systems«, trotz seiner drastischen Absage an die Verfassungsform der parlamentarischen Demokratie und trotz seiner antijüdischen Repressalien nicht so gut stellen wie nur möglich? Lord Halifax, der im Herbst 1937 Hitler auf dem Obersalzberg besucht, versichert dem »Führer und Reichskanzler«, daß er selbst und andere Mitglieder der englischen Regierung Deutschland »als Bollwerk des Westens gegen den Kommunismus« ansähen.

Aber die skrupellose Machtpolitik der modernen Cäsaren macht solche Verständigungs- und Bündnisgedanken zunichte. Aufs neue entbrennt – von Hitler ausgelöst – in Europa der Weltkrieg, der in seiner ersten Phase die Eroberung fast der gesamten kontinentalen Ländermasse durch die Heere der faschistischen Achsenmächte bringt. Nachdem Hitler seinen eigenen sensationellen Pakt mit Moskau wieder gebrochen hat und nun die Zentren der beiden gegensätzlichen Revolutionsideologien in einen Kampf auf Leben und Tod eingetreten sind, setzt sich in den Hauptstädten der angelsächsischen Welt der Gedanke durch, daß es gelte, den Teufel des Faschismus mit dem Beelzebub des Sowjetkommunismus auszutreiben.

Der Vernichtungswille in den verfeindeten Lagern und die Zerstörungskraft der modernen hochtechnisierten Kriegsmaschinerie übersteigen alles bisher Dagewesene. Der Brutalisierung der innenpolitischen Auseinandersetzung zwischen den radikalen Anhängern der »Diktatur des Proletariats« und den uniformierten Stoßtrupps der »Gegenrevolution« in den Straßen- und Saalschlachten der Zwischenkriegszeit entspricht die Barbarisierung der Kriegführung, die nun die totale Vernichtung der zu Untermenschen herabgewürdigten Gegner herbeiführen soll. Der Skrupellosigkeit der Unterjochung und Besitzergreifung in Feindesland entspricht die Erbarmungslosigkeit des Partisanenkampfes. Hier ist kein Raum mehr für die Respektierung der Menschenwürde von Unterlegenen, für »ritterliche« Kampfesregeln im Geiste des Naturrechts und der Haager Landkriegsordnung. Die deutschen Ausrottungsmaßnahmen gegen wehrlose Menschen angeblich »minderwertiger Rasse« im Osten finden ihre Antwort im Terror des britischen Luftkriegs im Westen. Er macht weder vor unbewaffneten

Handelsschiffen halt noch vor der Zivilbevölkerung offener Städte, die durch todbringende Flächenbombardements zu Feuermeeren des Grauens werden. »Neben den Namen Treblinka und Auschwitz als grausigen Wortsymbolen für das Maß des radikal Bösen, dessen die menschliche Natur fähig ist, steht der Name Dresden« (K.D. Erdmann).

Die Orgien des kriegerischen Fanatismus und die Perfektionierung der Kriegstechnik im 20. Jahrhundert entwickeln eine Eigengesetzlichkeit, die Politiker, Soldaten, Wissenschaftler und Ingenieure in ihren Bann zwingt und sie aus Beherrschern von Natur und Materie in Unterworfene verwandelt. Den vorläufigen Gipfelpunkt der technischen Vervollkommnung von Massenvernichtungswaffen stellt im Zweiten Weltkrieg die Wissenschaftlern und Technikern der Neuen Welt gelungene Freisetzung der Kernenergie dar. In Gestalt der Atombombe besitzen in Zukunft Gerechte wie Ungerechte eine »Waffe von kosmischer Gewalt« (L. Mumword), die zur Selbstauslöschung der Menschheit führen kann. Dies alles hat den auf Hochschätzung der *Ratio* gegründeten Aufklärungsglauben an den Fortschritt des Menschengeschlechts auf schauerliche Weise *ad absurdum* geführt. Als besonders grausig und monströs stellen sich in diesem Zusammenhang die nationalsozialistischen Verfolgungsmaßnahmen gegen die Juden dar. Millionen Menschen werden einzig und allein, weil sie einer bestimmten Rasse angehören, planmäßig erfaßt, in die Vernichtungslager geführt und in staatlichem Auftrag ermordet – ein in der bisherigen Geschichte des Kontinents unerhörter Vorgang.

Unter Einsatz seines modernsten wirtschaftlich-technischen Potentials ist Amerika aus seiner Isolationspolitik endgültig herausgetreten und hat die gewaltige Allianz mit dem eurasischen Imperium Stalins kriegerische Wirklichkeit werden lassen. Das unbesiegte England spielt in diesem Bündnis der Giganten gegen die deutsche Großmacht nur noch eine zweitrangige Rolle. Dies ist symptomatisch für die endgültige Abdankung der Mächte des alten Europa als Weltmächte.

In Deutschland spricht die Propaganda angesichts des Kampfes gegen die Mächte des »seelenlosen asiatischen« Bolschewismus von der »Festung Europa«, die es im Namen der nordischen Herrenrasse bis zum letzten Blutstropfen zu verteidigen gelte. Antibolschewistische Freiwillige aus West- und Nordeuropa in beträchtlicher Zahl stellen sich unter dieser Kampfparole der Hitler-Macht im Ostfeldzug zur Verfügung. Mit ihren Vorstellungen von der europäischen »Neuordnung« aus den Rasse- und Elite-Ideen des Nationalsozialismus bleiben sie jedoch Minderheiten ohne Rückhalt in ihren Völkern.

Der Gedanke der europäischen Einheit führt im Lager der internationalen Widerstandsbewegung gegen den Hitlerismus in den letzten Kriegsjahren zu einer gänzlich anderen Konzeption: Die Einheitlichkeit soll nach dem verheerenden Kriege nicht durch die absolute Hegemonie eines machtvollen Kernstaates über tributpflichtige Satelliten hergestellt werden. Sie soll auch nicht auf Führerprinzip und Rassentheorie beruhen. Die Vertreter von zahlreichen westlichen Résistancegruppen, die sich im Frühjahr 1944 in der neutralen Schweiz zu einer Konferenz über Probleme der europäischen Zukunft versammeln, fordern in gemeinsamen Erklärungen die Errichtung eines Bundesstaates Europa auf der Grundlage einer freiheitlich-demokratischen Verfassung und einer prinzipiellen Gleichberechtigung aller beteiligten Völker. In diesem Bundesstaat soll das Prinzip der einzelstaatlichen Souveränität, das seit Beginn der Neuzeit die europäische Staatenwelt im Guten wie im Bösen bestimmt hat, überwunden und im Interesse des friedlichen Zusammenlebens aufgehoben sein. Auf den Trümmern, die der Zweite Weltkrieg in Europa hinterläßt, soll nach diesen Vorstellungen also das Neue gebaut werden. Dem Gedanken einer bloßen »Restauration« der europäischen Vorkriegsverhältnisse wird damit eine deutliche Absage erteilt.

Aber als der Hitlermacht in einem kriegerischen Inferno ohnegleichen die Stunde der »bedingungslosen Kapitulation« schlägt, da entscheiden nicht wohlmeinende europäische Föderalisten über die Zukunft des Kontinents, sondern die weit über das alte Europa hinausdenkenden Erben europäischer Weltmacht: der amerikanische Präsident Roosevelt und der sowjetrussische Imperator Stalin. Neben ihnen trägt zwar auch der englische Premier Churchill Mitverantwortung für das europäische Geschick nach dem Kriege, jedoch sind die Zeiten vorbei, in denen die Herren des englischen *Empire* in weltpolitischen Fragen den Ton angaben.

Wieder, wie 1917/18, treten sich auf den Trümmern der europäischen Staatenwelt in Gestalt des amerikanischen und des sowjetrussischen Machthabers zwei welthistorisch-ideologische Prinzipien gegenüber, die danach drängen, Europa und die Welt nach ihrem Bilde zu verwandeln. Der Präsident des mächtigsten demokratischen Staates der Welt ist von ähnlichen politischen Wunschträumen beherrscht wie sein Vorgänger Wilson gegen Ende der ersten globalen Kriegskatastrophe des 20. Jahrhunderts: Die Alliierten unter Führung Amerikas werden dem Erdball den immerwährenden Frieden bringen. Der parlamentarischen Demokratie als der höchsten politischen Lebensform werden sie in allen Ländern Geltung verschaffen. Alle Menschen werden in der neuen Weltära ihr Leben »frei von Furcht und Mangel« leben können.

Die erdumspannende Friedensorganisation der »Vereinten Nationen« soll für Sicherheit und Wohlfahrt aller Völker, die guten Willens sind, sorgen. In ihr werden die Westalliierten zusammen mit dem tapferen und machtvollen Sowjetrußland Stalins darüber wachen, daß nie wieder faschistische Aggressoren und Feinde der Demokratie eine Chance haben, Länder und Erdteile zu unterjochen. Grenzenlos ist das Vertrauen des Ideologen auf dem Präsidententhron zu dem Bundesgenossen im Kreml. Roosevelt sieht den Diktator, der in der Amoralität seiner Liquidierungspraktiken eigentlich mit den Untaten seines Widerparts Hitler vollauf konkurrieren kann, als den »guten alten ›Onkel Joe‹, eine große Seele im russischen Bärenpelz« (H. Diwald). Er ist zutiefst davon überzeugt, daß der Sowjetkommunismus sich zu einer demokratischen Lebensform westlicher Art weiterentwickeln wird und daß Stalin es ehrlich meint, als er in Jalta auf der Krim im Februar 1945 seine Unterschrift unter Erklärungen der Siegermächte setzt, die den Völkern des vom Faschismus »befreiten Europa« das uneingeschränkte Recht auf Selbstbestimmung garantieren, das Recht auf Wahl der »Regierungsform, unter der sie leben wollen«.[17]

VIII Der geteilte Kontinent

Das Trümmerfeld Europa zerfällt 1945 in Einflußzonen von Supermächten, deren Zentren außerhalb der alten europäischen Welt liegen: Entlang einer noch im Siegestriumph ausgehandelten Demarkationslinie zwischen Lübeck und Triest stehen sich die Streitkräfte der Sowjetunion und der Vereinigten Staaten von Nordamerika gegenüber. Sie füllen nach der bedingungslosen Kapitulation der Hitlerarmeen das Machtvakuum, das das Dritte Reich mit seinem Untergang hinterlassen hat.

Die europäischen Völker in West und Ost müssen sich fragen, welche politischen Früchte die Befreiung des Kontinents vom Nazismus für Opfer und Gegner, für Anhänger, Verbündete und Mitläufer des toten deutschen Diktators haben wird. Das Schicksal der geschlagenen Deutschen scheint klar: Die Siegerratschlüsse sehen Vergeltung und Entwaffnung, Entnazifizierung und in Zonen gegliederte Besatzungskontrolle vor. Was wird jedoch für Europa die Tatsache bedeuten, daß die verheißene Verwirklichung von Demokratie und Selbstbestimmungsrecht, Befriedung und Wiederaufbau für die Nachkriegswelt zum nicht geringen Teil von den Führern der Roten Armee abhängt? – Zwar hat auch Stalin Atlantik-Charta und UN-Satzung unterschrieben, aber seine Antwort auf diese Frage ist längst gegeben: »Wer immer ein Gebiet besetzt, erlegt ihm auch sein eigenes gesellschaftliches System auf«, hat er noch im Kriege gesagt, und das heißt für ihn, daß im Schatten der Roten Armee nun kommunistische Kommissare, ob russischer oder nichtrussischer Nationalität, die Revolutionierung der Verhältnisse im Sinne Moskaus ins Werk zu setzen haben.

Unter den Parolen des Antifaschismus, der Demokratisierung und der »Befreiung der Arbeiter- und Bauernmassen« werden in den Ländern Ostmitteleuropas und des Balkanraumes Regime etabliert, hinter deren Fassade, der sogenannten »antifaschistischen Einheitsfront«, die eigentlichen Machthebel von Stalinisten bedient werden. In zwei bis drei Nachkriegsjahren werden sozialdemokratische und linksbürgerliche Koalitionspartner überspielt, und die totalitäre Gleichschaltung in Wirtschaft, Gesellschaft und Staat – unter dem Etikett »Volksdemokratie« – nimmt ihren beschleunigten Fortgang. Auch den Amerikanern kann nicht verborgen bleiben, daß die Entnazifizierungsparole den Sowjets in Mittel- und Ostdeutschland wie anderswo dazu dient, die Beseitigung des wirtschaftlichen Privateigentums und der bürgerlich-parlamentarischen Demokratie zugunsten von sozialrevolutionärem Kollektivismus und angeblich massenfreundlicher Diktatur zu rechtfertigen.

Als die letzten Hoffnungen der US-Regierung auf partnerschaftliches Kondominium mit der Sowjetunion im europäischen und asiatischen Raum schwinden, richtet sich Amerika zielbewußt auf weltpolitische Konfrontation mit dem Bundesgenossen von gestern ein, auf »Eindämmung« kommunistischer Expansion. Mit der sogenannten Truman-Doktrin, mit der der Präsident allen »freien Nationen« wirtschaftlichen Beistand gegen das Vordringen der Sowjetdiktatur verspricht, nimmt die Vormacht der westlichen Demokratie die Herausforderung des östlichen Despotismus an: Der »Kalte Krieg« beginnt.

Auf der von Truman vorgezeichneten Linie unterbreitet der amerikanische Außenminister Marshall den europäischen Ländern in West und Ost den Plan, mit Hilfe amerikanischer Milliardenkredite in gemeinsamer Arbeit an den Wiederaufbau des Kontinents zu gehen. Sechzehn westeuropäische Staaten sind sofort zur Zusammenarbeit bereit. Die im Machtschatten Moskaus liegenden Länder können ihrerseits nicht von dem Angebot Washingtons Gebrauch machen. Den Marshall-Plan trifft der propagandistische Bannstrahl des Kreml: Das US-Programm sei ein Werkzeug des monopolkapitalistischen Dollarimperiums, dessen weltpolitische

Versklavungsabsichten nur durch das Zusammenrücken des sowjetisch geführten Friedenslagers in Europa und der ganzen Welt unterbunden werden könnten.

In diesen Jahren regen sich verstärkt die Bestrebungen im europäischen Bildungsbürgertum, nun endlich den alten Traum von der großen europäischen Völkerunion zu verwirklichen. Die nahe Frontlinie der Roten Armee, die Sowjetisierung Osteuropas, die von Washington im Zusammenhang mit der gewährten Finanzhilfe verlangte Kooperation, aber auch und gerade das Erlebnis der erneuten Selbstzerfleischung Europas im Zweiten Weltkrieg und der Geist der Einigungspläne der antihitlerischen Widerstandsbewegungen – alles dies wirkt zusammen in dem Wunsch, den Kontinent politisch zu einigen und ihm damit vielleicht die einzige Chance der Selbstbehauptung zwischen der eurasischen und der atlantischen Supermacht zu eröffnen. Unerträglich erscheint den überall in Westeuropa entstandenen Aktionsgruppen »Europäischer Föderalisten« der Zustand, daß – mit dem belgischen Staatsmann Paul Henri Spaak zu sprechen – »dreihundert Millionen Europäer in Furcht vor zweihundert Millionen Russen und von der Wohltätigkeit von hundertfünfzig Millionen Amerikanern leben«.

Ermutigt durch eine vielbeachtete Rede Churchills in Zürich, in der dieser zur Schaffung der »Vereinigten Staaten von Europa«, – freilich ohne Beteiligung Englands – auffordert, beschließt eine internationale Versammlung von Europa-Enthusiasten aus dreizehn Ländern im September 1946 in Hertenstein am Vierwaldstätter See ein Grundsatzprogramm zum Aufbau einer »Europäischen Gemeinschaft« auf föderativer Basis. Unter Beachtung der Charta der Vereinten Nationen soll Europa eine »regionale Körperschaft« werden, deren Mitglieder einen Teil ihrer wirtschaftlichen, politischen und militärischen Souveränitätsrechte an die von ihnen gebildete Föderation übertragen. Zu den Prinzipien der Europa-Union sollen demokratische Willensbildung und Schutz der Menschen- und Bürgerrechte, internationaler Gewaltverzicht bei der Entscheidung über Streitigkeiten sowie die Bewahrung der

Eigenart aller großen und kleinen Völker des Kontinents gehören. Die Resolutionen und Appelle der europapolitischen Idealisten verfehlen ihre Wirkung auf die Träger staatlicher Verantwortung nicht. 1949 unterzeichnen zehn europäische Regierungen die Statuten des »Europarats«, der Organe übernationaler Konsultation und Zusammenarbeit errichtet.

Die Auswahl gerade Straßburgs, dieser alten europäischen Stadt im deutsch-französischen Grenzraum, als Sitz der neuen Gremien hat Symbolcharakter: sie signalisiert den Willen, die Gegensätze der Vergangenheit zu überwinden und ein neues Blatt in der Geschichte des Kontinents aufzuschlagen. Von Straßburg gehen in der Folgezeit geistig-politische Initiativen aus, die (nach den historischen Erfahrungen mit dem modernen Despotismus) die abendländische Tradition der Rechts- und Freiheitsideen für die Gegenwart institutionell konkretisieren und international zur Geltung bringen sollen. Die 1950 verabschiedete Konvention zum Schutz der Menschenrechte und Grundfreiheiten und die Konstituierung eines Europäischen Gerichtshofs sind würdige Zeugnisse eines Neubeginns in Europa auf dem Boden bewußt erneuerten kulturellen Erbes.

Die Idealisten der föderalistischen Bewegungen dürfen freilich nach der Schaffung des Europarats, der durch Hinzutreten weiterer Regierungen bald 18 Staaten repräsentiert, über die eigentlich politischen Entscheidungsbefugnisse der neuen supranationalen Institution keine Illusionen hegen. Mit Argusaugen hüten die einzelstaatlichen Regierungen ihre Souveränitätsansprüche.

In einer besonderen Lage befindet sich Deutschland: Der Eiserne Vorhang, 1945 an der Nahtstelle zwischen Ost und West niedergegangen und seither im Zeichen des Kalten Krieges ständig verfestigt, spaltet die alte Kulturnation im Zentrum Europas in einen sowjetrussischen und einen angelsächsisch-amerikanischen Einflußbereich. Zwischen den Schuttbergen des verlorenen Weltkrieges, zu denen auch Ruinen des eigenen Geschichtbewußtseins und des nationalen Selbstwertgefühls gehören, suchen die Deutschen nach Orientierung. Auf Initiative der jeweiligen Besatzungsmacht sind auf ihrem Boden zwei Teilstaaten entstanden. Reserviert stehen sie zunächst dieser neuen Staatlichkeit gegenüber, zu furchtbar war der Aderlaß des Weltkrieges, zu drängend sind die wirtschaftlichen Probleme des Tages, zu allgegenwärtig das Besatzungsregime und zu schmerzlich die Spaltung des Landes durch das Zerwürfnis der Siegermächte.

Der erste Kanzler der westdeutschen Republik jedoch, Konrad Adenauer, als konservativer Katholik überzeugter Antikommunist und Verfechter einer Versöhnung der europäischen Völker aus dem Geiste abendländischer Überlieferung, geht mit großer Entschiedenheit auf die europäischen Einigungsgedanken ein. Ein halbes Jahr nach Gründung des parlamentarisch-demokratisch verfaßten westdeutschen Teilstaates, der aus der freien Willensbildung seiner Bürger die Legitimation ableitet, für die Deutschen auch jenseits der Zonengrenze zu sprechen, schlägt Adenauer eine vollständige politische Union zwischen Frankreich und (West-) Deutschland als Grundstein für die Vereinigten Staaten von Europa vor. Konrad Adenauer und der französische Staatsmann Robert Schumann begründen die Europäische Gemeinschaft für Kohle und Stahl, die sogenannte »Montanunion«, die die rohstoff- und industriereichen, grenzüberschreitenden Regionen an Ruhr und Saar, Maas und Rhein zu einem gemeinsamen Markt von sechs Staaten zusammenfügt. Ende der fünfziger Jahre wird die ökonomisch und politisch umfassender konzipierte »Europäische Wirtschaftsgemeinschaft« (EWG) gegründet.

Der im Westen anlaufende Prozeß wirtschaftlicher Integration wird im militärisch-strategischen Bereich auf Initiative der amerikanischen Supermacht seit 1949 durch den Aufbau des Nordatlantikpaktes (NATO) ergänzt und abgeschirmt. Im Osten des Kontinents kommt es unter dem beherrschenden Einfluß der UdSSR ebenfalls zu einer ökonomischen, politisch-militärischen sowie ideologischen Blockbildung. Die scheinbare Gleichartigkeit vertraglich verkündeter Zwecke und Verfahrensnormen in West und Ost kann allerdings nicht über den fundamentalen Unterschied der politischen Qualität hinwegtäuschen: Im Gegensatz zu den relativ frei ausgehandelten Kooperationsformen im demokratischen Westen sorgen die Kremlherren unter der fühlbaren Allgegenwart der Roten Armee und des sowjetischen Geheimdienstes für die Gleichschaltung ihres Machtbereichs nach den Prinzipien staatlicher Planwirtschaft.

Auf ökonomisch-handelspolitischem Gebiet ist der Wille des Kreml ebenso oberstes Gesetz wie auf ideologisch-kulturellem, außenpolitischem und militärisch-stragegischem. Das alte weltrevolutionäre Credo, die Entschlossenheit zu hegemonialer Herrschaft und die Festigung des von Stalin erreichten *Status quo* in Ost- und Mitteleuropa gestatten keinem der Völker dieses Sowjetimperiuums innen- oder außenpolitische Handlungsfreiheit. Die Liberalisierungshoffnungen, die sich in West und Ost zunächst an Stalins Tod und an Chruschtschows Entstalinisierungskampagne knüpfen, werden bitter enttäuscht: Am 17. Juni 1953 begraben sowjetische Panzer beim Volksaufstand zwischen Oder und Elbe die Forderungen nach deutscher Freiheit und Einheit ebenso unter sich wie 1956 die ungarischen und 1968 die tschechoslowakischen Versuche zur nationalen Befreiung. Das SED-Regime hat 1961 den anschwellenden Flüchtlingsstrom aus der DDR in den freiheitlichen und wirtschaftlich prosperierenden Westteil Deutschlands mit dem Bau einer monströsen Sperrmauer quer durch die geteilte deutsche Hauptstadt Berlin gewaltsam gestoppt.

Der westlichen Öffentlichkeit erscheint dieser Akt als politische Bankrotterklärung des Moskauer Satellitenstaates; die östlichen Machthaber hingegen verteidigen die Berliner Mauer als »Friedensgrenze«.

Die von den USA geführte Allianz der demokratischen Staaten des Westens unternimmt nichts, um den Unterdrückungsmaßnahmen der Sowjets und ihrer kommunistischen Verbündeten Einhalt zu gebieten: Washington, London und Paris quittieren die Niederschlagung der Volksaufstände, die Zementierung der Spaltung

Berlins und den Einmarsch in die Tschechoslowakei lediglich mit verbalen Protesten. In der Furcht vor einem Dritten Weltkrieg, unter dem Eindruck der atomaren und konventionellen Hochrüstung auf beiden Seiten respektieren die Westmächte die mit Stalin 1945 ausgehandelten Abgrenzungen der Machtsphären, ja, sie gehen auf sowjetische Angebote einer sogenannten »friedlichen Koexistenz« unterschiedlicher Systeme und einer allgemeinen »Entspannung« an den Fronten des Kalten Krieges ein und bemühen sich um Vereinbarungen und Gewaltverzicht, Rüstungskontrolle sowie wirtschaftliche und kulturelle Zusammenarbeit mit dem Osten. Die sozial-liberale Bonner Regierung erkennt unter der neuen Devise vom »Wandel durch Annäherung« in verschiedenen Verträgen mit Moskau und seinen ostmitteleuropäischen Satellitenstaaten den seit 1945 bestehenden territorialpolitischen *Status quo* in Europa formell an und hofft so, ein gutnachbarliches Neben- und Miteinander mit dem kommunistischen Osten zu begründen (1970/72). Auf ihrer »Konferenz für Sicherheit und Zusammenarbeit in Europa« (KSZE) in Helsinki kommen die Staaten der NATO, der EG und des Warschauer Paktes überein, die bisherige Konfrontation durch friedlich-konkrete Kooperation zwischen West und Ost zu überwinden und Freizügigkeit von Menschen und Informationen über die Grenzen von Blöcken und Staaten hinweg zu fördern. Vieles von diesen Aussagen steht zunächst nur auf Papier, bietet aber zukunftsträchtige Anknüpfungspunkte für spätere Verhandlungen auf internationaler Ebene und für bürgerrechtliche und gewerkschaftliche Oppositionsgruppen innerhalb des Ostblocks.

Im Lager des Westens haben sich im Laufe der sechziger Jahre gewisse Erosionserscheinungen gezeigt: Der große alte Mann Frankreichs, Staatspräsident Charles de Gaulle, patriotischer Vertreter des geschichtsbewußten Konzepts eines »Europa der Vaterländer«, rebelliert gegen die amerikanische Vormacht und blockiert durch seine nationalfranzösische Politik zeitweilig den Fortgang der wirtschaftspolitischen Integration Europas.

Wiederholt verhindert er die Erweiterung der Europäischen Gemeinschaft durch den von London jetzt dringend gewünschten Beitritt Großbritanniens. Bundesstaatlichen Vereinigungsbemühungen zieht de Gaulle liberale Konsultation und Partnerschaft vor: So schließt er mit Adenauer den deutsch-französischen Freundschaftspakt von 1963 ab. Die inzwischen eingetretene Lockerung der Ost-West-Beziehungen nutzt er zu verstärkten Kontakten mit osteuropäischen Regierungen und mit dem Kreml.

Die Bürger der liberal-demokratischen Staaten Westeuropas haben unter dem Schutz der von den USA geführten Militärallianz und im Rahmen der europäischen Marktwirtschaft auf nationaler Ebene und in der Europäischen Gemeinschaft ein hohes Maß an Wohlstand, Bewegungsfreiheit und sozialer Sicherheit erreicht. Aber individualistisches Freiheitsverständnis und wirtschaftlicher Überfluß bringen nicht nur Segen, sondern auch Fluch: Wenn Erwerbs- und Genußstreben, Recht auf privates Glück und Ansprüche auf immer mehr Sozialleistungen des Staates in der Vorstellung breiter Bevölkerungsschichten zu höchsten Werten des Daseins aufsteigen, stehen Pflichten und Opfer zugunsten des Gemeinwohls nicht hoch im Kurs. Der Staat erscheint mächtigen Interessengruppen und politischen Parteien mehr und mehr als eine Art Selbstbedienungsladen zum Erlangen materieller Vorteile.

Unter westlichen Intellektuellen und in der studentischen Jugend führen Gefühle des Überdrusses und der Frustration häufig zu vehementer Kulturkritik oder gar zu Nihilismus. Im Schutze tabuisierter »Meinungsfreiheit« werden Traditionen und Leitbilder, Institutionen und ihre Repräsentanten »aufklärerisch hinterfragt« und gegebenenfalls satirischem Witz ausgesetzt. Mitten in der Güterfülle der Wohlfahrtsstaaten des Westens entsteht so das destruktive geistige Klima für eine »Kulturrevolution«. Kritische oder gar revolutionäre Kräfte beginnen sich in den achtziger Jahren auch in Osteuropa zu regen.

Ein weltgeschichtlich bedeutsamer Zerfallprozeß zeichnet sich im Herrschaftsbereich Moskaus ab. In den osteuropäischen Satellitenstaaten gärt es: Starke Kräfte in den baltischen und westslawischen Ländern begehren auf gegen russische Fremdherrschaft und das kommunistische Regime.

Seit 1980 entwickelt sich in Polen die Gewerkschaft *Solidarnosc* zu einer politischen Protestbewegung und löst einen Prozeß sozialer Mobilisierung aus, der in lautstarke Massendemonstrationen und umfassende Streikwellen mündet. Historisch tief verwurzelter nationaler Freiheitswille, ungebrochene Ablehnung des aufgezwungenen sowjetkommunistischen Systems und Unzufriedenheit mit der dadurch verursachten ökonomischen Dauermisere brechen sich in so elementarer Weise Bahn, daß im Frühjahr 1989 das herrschende KP-Regime grundlegende Verfassungsänderungen in Richtung auf eine parlamentarische Demokratie zugestehen muß. Wesentlich beigetragen zu dem Erfolg der politischen Freiheitsbewegung haben die moralische Unterstützung der einflußreichen katholischen Kirche des Landes und der Umstand, daß gerade um diese Zeit mit Johannes Paul ein polnischer Papst in Rom regiert. Rückhalt erhält die *Solidarnosc* insbesondere auch bei dem US-Präsidenten Ronald Reagan, der in diesen Jahren zielbewußt versucht, mit einer forcierten Politik militärischer und ökonomischer Stärke den sowjetrussischen Widerpart in die Enge zu treiben. Ein weiterer entscheidender Faktor, der den Polen indirekt zur Hilfe kommt, ist die Erosion der Kremlherrschaft. Denn Mitte der achtziger Jahre wird es immer deutlicher, daß die Wirtschaft und die Rüstungspotenzen der Sowjetunion auf die Dauer einem weltweiten Wettlauf mit den USA und deren gewaltigen Kraftreserven nicht mehr gewachsen sind. Der 1985 an die Macht gelangte KPdSU-Chef Michail Gorbatschow beschließt angesichts der sich verschärfenden System- und Wirtschaftskrise im Sowjetimperium, unter den Parolen *Perestroika* (Umbau) und *Glasnost* (Öffnung) Reformen einzuleiten und gewisse Ansätze zu Liberalisierung, Demokratisierung und Marktwirtschaft zu wagen. In der Außenpolitik macht er den USA Konzessionen und setzt auf Beendigung des Kalten Krieges. Den Völkern in Osteuropa signalisiert er Lockerung der Hegemonie Moskaus und (im Unterschied zu den fünfziger und sechziger Jahren) den grundlegenden Verzicht der Sowjetunion auf militärische Intervention in den bisherigen Satellitenstaaten.

Die halbherzigen Reformversuche des Sowjetführers in der UdSSR können jedoch den Verfallprozeß kommunistischer Macht nicht aufhalten; sie ermutigen vielmehr die nationalen Oppositions- und Unabhängigkeitsbewegungen innerhalb des Vielvölkerstaates und im gesamten Ostblock.

Auf den Spuren der polnischen Erhebung verlassen 1989 die Ungarn, die Tschechen und Slowaken, die Rumänen, die baltischen Völker und nicht zuletzt die Ostdeutschen zielbewußt das sinkende Schiff des Sowjetkommunismus.

Nationale Selbstbestimmung, freiheitlich-demokratische Revolution und der Wunsch nach Angliederung an den Westen auf der Grundlage eines fundamentalen Wertekonsenses verbinden sich zu einer Bewegung, die unter dem Motto »Rückkehr nach Europa« in die Zeitgeschichte eingeht.

IX Das Ringen um die europäische Einheit

Die völlig neuen Perspektiven, die sich nach dem Fall von Mauer und Eisernem Vorhang für Europa eröffnen, nötigen zu einer Besinnung auf die eigene Identität und Finalität. Vor dem Hintergrund der fünfzigjährigen Aufbauphase, die der Zäsur von 1989/90 vorangeht, muß Europa sich entscheiden, welche Ziele es unverändert weiterverfolgen und welche neuen Aufgaben es angesichts der neuen Herausforderungen ergreifen will.

In der Gründungs- und Aufbauphase ist es sowohl um wirtschaftliche als auch um sicherheitspolitische Interessen gegangen. Insofern besitzt Europa bereits wichtige Bausteine, die nun als Stützpfeiler des »Europäischen Hauses« dienen können. Wie aber sollen die Gesamtarchitektur, das tragende Fundament und das Dach aussehen? Und vor allem: Wer soll unter diesem Dach wohnen?

Nicht zufällig deckt sich das Gebiet der sechs Gründerstaaten (Frankreich, Italien, Deutschland und die Beneluxstaaten) ziemlich genau mit demjenigen des einstigen Karolingerreiches. Und nicht zufällig haben gerade diese Staaten mit den »Römischen Verträgen« ihre Wirtschaftsgemeinschaft seinerzeit in Rom, der ewigen Stadt, beschlossen.

Die Dynamik des europäischen Einigungsprozesses läßt sich nicht hinlänglich erklären, wenn sich der Blick zeitlich auf die Entwicklung nach dem Zweiten Weltkrieg und inhaltlich auf wirtschaftliche oder sicherheitspolitische Aspekte der Nachkriegszeit beschränkt. Offenbar beruhen die gemeinsamen Interessen auf gemeinsamen historisch-kulturellen Wurzeln, die gerade diese sechs Staaten dazu veranlaßt haben, näher zusammenzurücken. Und wenn sich dieses »Europa der Sechs« dann bis 1990 erstaunlich schnell erweitert hat zu einem »Europa der Neun«, »der Zehn« und »der Zwölf« (1973 Beitritt Dänemarks, Großbritanniens und Irlands, 1981 Griechenlands, 1986 Spaniens und Portugals), so hat sich an diesen Voraussetzungen nichts geändert: Alle bisherigen Staaten des vereinigten Europa gehören zum westlich-abendländisch geprägten Kulturkreis.

Die Europafahne knüpft denn auch, im Gegensatz zum Rot des Sowjetblocks und zum Grün der Arabischen Liga, bewußt an Karl den Großen, den »Vater Europas« an, der – gegenüber dem Rot des kaiserlichen Byzanz im Osten und dem Grün der arabisch-islamischen Welt im Süden und Südwesten – die Farbe Blau für das westliche Europa wählte. Die kreisförmig angeordneten zwölf Sterne der heutigen Europafahne sollen nach dem Willen der Straßburger »Gründungsväter« nicht die Zahl der Mitglieder auflisten, sondern in Anlehnung an jüdisch-christliche Traditionen ein Zeichen der Vollkommenheit und Einheit darstellen. Wenn diese Fahne nun auch den weiteren Einigungsprozeß nach 1990 begleiten soll, liegt es nahe, daß auch die neuen Bewohner des Europäischen Hauses dem durch sie symbolisierten Kulturkreis angehören.

Die Frage nach dem Dach dieses Hauses ist damit aber noch keineswegs geklärt, zumal wesentliche Antriebskräfte der Gründungsphase sich inzwischen erledigt haben:

Der wirtschaftliche Wiederaufbau des kriegszerstörten Kontinents ist überraschend schnell gelungen, die Wirtschaftseinheit so gut wie besiegelt. Deutschland und Frankreich haben ihre jahrhundertealte »Erbfeindschaft« endlich begraben und sind beide in die neuen Sicherheitsstrukturen eingebunden. Der entscheidende Impuls, der nach dem Krieg als einigendes Band für Westeuropa wirkte, die Angst vor der Bedrohung durch den Sowjetkommunismus, hat sich mit der Erosion des Ostblocks aufgelöst. Damit eröffnet sich für Europa, das in seiner bisherigen Geschichte nur vorübergehend, unter Druck und eigentlich immer erst im Widerstand gegen eine gemeinsame Gefahr zusammengefunden hat, erstmals die Möglichkeit, seine Einigung aus freien Stücken zu betreiben.

Vor diesem Hintergrund erhält der in den 80er Jahren ins Stokken gekommene Einigungsprozeß neuen Auftrieb durch den Schwung, mit dem die Länder des Ostblocks ihren Weg »Zurück nach Europa« antreten.

Beflügelt wird dieser Plan vor allem im Baltikum und in Ostmitteleuropa von der Hoffnung, unter dem europäischen Dach Schutz vor russischen Herrschaftsansprüchen zu finden. Bereits in den dramatischen Herbstwochen des Jahres 1989 bekennt sich Ungarn mit einer kühnen Geste zur westlichen Wertewelt, indem der Außenminister Horn eigenhändig den Draht durchschneidet, der Ost- und Westeuropa trennt, und damit ostdeutschen Flüchtlingen den Weg in den freien Westen öffnet. Wenig später beschwört der tschechoslowakische Präsident Havel, als er 1991 den Aachener Karlspreis erhält, die Zugehörigkeit zu den kulturellen Werten und freiheitlichen Traditionen Europas mit einer Eindringlichkeit, die selbst westliche Euroskeptiker mitreißt.

Die »Rückkehr nach Europa« verläuft jedoch in den meisten Ländern des ehemaligen Ostblocks keineswegs gradlinig und wird erschwert durch die Erbschaften des überwundenen Systems: eine marode Industrie, notorischer Kapitalmangel, veraltete, überflüssig gewordene Erzeugnisse, eine aufgeblähte und ineffektive Bürokratie. Wo das bürgerliche Selbstverständnis des *Citoyen* fehlt, mangelt es an der Vertrautheit mit demokratischen Verfahrensregelungen und Institutionen, den dazugehörigen Rechtstraditionen und den Spielregeln wirtschaftlicher Konkurrenz. So führt der Transformationsprozeß fast überall zunächst zu schweren innenpolitischen und ökonomischen Turbulenzen, die die Menschen verunsichern und verängstigen. Vielen geht es anfangs sogar materiell schlechter als vor der Wende. Gleichzeitig flammen die lange unterdrückten nationalen Gefühle auf, die entscheidend zur Befreiung von der Sowjetherrschaft beigetragen haben – nach der Gleichschaltung durch den Sowjetkommunismus und bei der Suche nach den verschütteten eigenen historischen Wurzeln ein notwendiger Vorgang, aber auch ein Quell innenpolitischer oder gar bürgerkriegsähnlicher Konfrontation. Nicht selten kommt es zu erbitterten Kämpfen zwischen den Anhängern oder gar Repräsentanten des alten Herrschaftsapparates und Vertretern der neuen Westorientierung. Erst gegen Ende dieses unruhigen Jahrzehnts wird der Blick frei für die Anstrengungen, die erforderlich sind für den Eintritt in die Europäische Gemeinschaft (seit 1992 »Europäische Union«).

Diese ist inzwischen nicht nur auf dem Weg zu einem gemeinsamen Binnenmarkt ein entscheidendes Stück vorangekommen, sondern hat auch 1992 in Maastricht erste zaghafte Schritte in Richtung eines politischen Zusammenschlusses getan. Die Konzeption der neuen politischen Union vergleicht man gern mit dem Bild eines griechischen Tempels, dessen Dach auf drei Säulen ruht: erstens der engeren Zusammenarbeit in der Innen- und Rechtspolitik, zweitens den bereits verwirklichten europäischen Zusammenschlüssen und drittens einer gemeinsamen Außen- und Sicherheitspolitik. Dieses Tempelbild zeigt unfreiwillig die vorläufige Schieflage der Konstruktion. Denn nur die Mittelsäule mit dem Herzstück der europäischen Gemeinschaft stellt einen tragfähigen, belastbaren Pfeiler dar; ohne ihn würde das Gebäude einstürzen.

Impulse, die auch die beiden anderen Säulen stabilisieren können, gehen zunächst wiederum von den Ländern Mittel- und Osteuropas aus. Ihre dringlichen Beitrittswünsche zielen nicht nur auf die Vorteile der Subventionen einer prosperierenden Wirtschaftszone, sondern sind Ausdruck tiefsitzender, geschichtlich begründeter Ängste vor russischen Hegemonialansprüchen. In diesem Zusammenhang stellt die Osterweiterung das vereinigte Westeuropa vor die alte Frage nach seiner Ostgrenze und nötigt zu erneuten Auseinandersetzungen über die Ziele der politischen Union.

Entscheidendes Gewicht gewinnt hierbei Rußland, das in der 1991 gegründeten Gemeinschaft Unabhängiger Staaten (GUS) seine alte Führungsrolle zu behaupten sucht. Wirtschaftliche und militärische Schwächen, innenpolitische Desorganisation und separatistische Bestrebungen absorbieren jedoch die inneren Kräfte Rußlands in einem Maße, daß es dem Unabhängigkeitsstreben der im Zweiten Weltkrieg besetzten Staaten nicht mehr Einhalt gebieten kann und die Länder Mittel- und Osteuropas in die Freiheit entläßt. Ja, es beginnt auch seinerseits eine vorsichtige Annäherung an Europa und Amerika mit dem Ziel einer lockeren »Partnerschaft für den Frieden«.

Warum gelingt den Balten, Polen, Ungarn, Tschechen und Slowaken die erfolgreiche Annäherung an Europa, anderen aber nicht? Warum sind es eben diese Völker, mit deren Beitritt im Jahre 2004 die inzwischen auf fünfzehn Mitglieder angewachsene EU (1995 Aufnahme Finnlands, Österreichs und Schwedens) nun zu einem »Europa der Fünfundzwanzig« wird? Warum leben sie politisch und kulturell auf, während gleichzeitig der Balkan von blutigen Massakern zerrissen wird, in denen sich ethnische, nationale und religiöse Gegensätze unentwirrbar verstricken? Nach dem Zusammenbruch Jugoslawiens zerplatzen auch die hegemonialen Träume des großserbischen Nationalismus, und eine dauerhafte Lösung für ein friedliches Zusammenleben von Moslems, Katholiken, Orthodoxen, von Serben, Albanern, Kroaten, Bosniern ist trotz des Eingreifens der USA und einiger europäischer Staaten vorerst nicht in Sicht.

Erklären lassen sich diese so unterschiedlich verlaufenden Transformationsprozesse letztlich nur mit historischen Gründen. Die »Rückkehr nach Europa« geht allenthalben einher mit einer »Rückkehr der Geschichte«. Denn in geradezu verblüffender Weise wird nun in Ost- und Südeuropa jene alte Grenze sichtbar, mit der Kaiser Theodosius 395 n. Chr. das römische Reich in eine West- und eine Osthälfte teilte. Diese Grenze hat sich im Mittelalter zu einer religiösen Grenze verfestigt, die seither das lateinisch-katholische Rom von Byzanz, dem griechisch-orthodoxen »Zweiten Rom« trennt. Nun, im 20./21. Jahrhundert, bezeichnet sie eine religiöse, kulturelle und eine politische Grenze. Die westlich dieser Linie gelegenen Länder schließen sich erfolgreich dem abendländischen

Europa an. Die Osterweiterung 2004 stärkt insofern das bisherige Fundament des Europäischen Hauses, das in den gemeinsamen historischen Wurzeln und einer gemeinsamen Kultur gründet

So eindeutig die Weichenstellung für die künftige Erweiterung dieses Hauses damit scheint, so ist man sich über dessen Dachkonstruktion immer noch nicht einig. Man streitet über Vertiefung und Erweiterung und die Finalität des weiteren Einigungsprozesses. Soll es vorrangig um den Aufbau der politischen Union als einer Wertegemeinschaft gehen oder um den Ausbau der Wirtschaftsgemeinschaft mit dem Ziel einer expandierenden Freihandelszone, die grundsätzlich jedem Interessenten offen steht? Wie weit trägt die Doppelformel von »Demokratie und Marktwirtschaft« als Kriterium für den weiteren Einigungsprozeß, wenn beides auch außerhalb Europas, etwa in Japan oder Israel, praktiziert wird? Wie kann sich Europa vor Überdehnung schützen, um nicht am eigenen Wachstum zu ersticken? Welche endgültige Gestalt soll die europäische Staatengemeinschaft erhalten? Will man einen einheitlichen Superstaat oder ein »Kerneuropa«, einen Bundesstaat oder eine Konföderation im Sinne eines »Europas der Vaterländer«? Und welche Rolle kann beziehungsweise will Europa auf der globalen Ebene spielen?

Wie immer diese Fragen im einzelnen entschieden werden, die Geschichte Europas und die Erfahrungen im Zusammenhang mit dem bisherigen Einigungsprozeß legen Vermutungen über mögliche Erfolge oder Mißerfolge nahe. In manchen Bereichen sind seit den neunziger Jahren auch bereits Entwicklungen absehbar:
Wesentliche Impulse für Zusammenschlüsse werden in allen Lebensbereichen stets durch Druck bestärkt. Deshalb fördert die terroristische Gefährdung, die seit 2001 auf die gesamte westliche Welt und die westliche Kultur zielt, in Europa die Bereitschaft zu gemeinsamem Vorgehen. Auch zeitweilige Irritationen zwischen dem »alten« Europa und den USA als dem »neuen« Europa stellen die Gemeinsamkeit der westlichen Werte und ihrer europäischen Wurzeln nicht ernstlich in Frage.

Entgegen manchen anders lautenden Prognosen sind die Nationen, ein spezifisch europäisches Phänomen, nicht überwunden, sondern melden sich in der sie überwölbenden Gemeinschaft immer wieder unüberhörbar zu Wort, wenn es um eigene Interessen und Vorteile geht – gegebenenfalls auch auf Kosten der Nachbarn. Die osteuropäischen Länder unterscheiden sich bei ihren Versuchen, nationale Identifikation und europäische Integration auszubalancieren, in nichts von den westeuropäischen Ländern. Trotz der unübersehbaren Schattenseiten des nationalen Egoismus innerhalb der europäischen Gemeinschaft kommen dessen vitale Kräfte indirekt aber dem Einigungsprozeß doch auch zugute, etwa in der Kritik an den technokratischen und bürokratischen Auswüchsen der Brüsseler Verwaltung oder an künstlichen Sinnsstiftungsversuchen wie demjenigen eines »Europäischen Verfassungspatriotismus«.

Das Konzept eines »Kerneuropa« gewinnt notwendigerweise an Aufmerksamkeit in dem Maße, wie sich weitere Vergrößerungen des Europäischen Hauses abzeichnen. Wieder spielen hierbei in erster Linie die Protagonisten der Gründungsphase, die Nachfolgestaaten des karolingisch-mittelalterlichen Europa eine führende Rolle – »Wiederkehr der Geschichte« auch hier.

Eng verbunden mit den Fragen nach der künftigen Gestalt Europas ist diejenige nach seiner möglichen Rolle in der Welt. Als Europa in den Zweiten Weltkrieg eintrat und seine Weltmacht verspielte, gingen in Europa »die Lichter aus«. Diese Lichter könnten wieder aufleuchten, wenn der Kontinent auf globaler Ebene erneut Bedeutung gewinnen könnte, nicht im Sinne einer imperialistischen Dominanz wie vor 1914, für die in einer neuen Weltordnung ohnehin kein Platz wäre, wohl aber im Rahmen eines so nur von Europa zu leistenden Beitrags: Nachdem das »Gleichgewicht des Schreckens« der bipolaren Weltordnung seinen Sinn verloren hat, könnte an seine Stelle das »Gleichgewicht der Kräfte«, das europäische Prinzip der *balance of power* treten, um bei der Austarierung einer multipolaren Welt zu helfen und angesichts des zunehmend militanten Zusammenpralls verschiedener Kulturen ausgleichend zu wirken. Wie bereits in der europäischen Geschichte zeichnen sich mittlerweile auf der Weltbühne mit Amerika, Rußland, China, Indien und Europa erneut fünf Gravitationszentren ab – Chance für eine ganz neue Form des »Eurozentrismus«, bei dem Europa weniger als politische Macht, sondern aufgrund seiner spezifischen politischen Kultur eine Rolle spielen könnte.

Auch in manchen anderen Bereichen könnte die europäische Lebensform einen Beitrag auf der globalen Ebene leisten. Versucht man die verschiedenen Facetten und Erscheinungsformen der europäischen Kultur zu einem Gesamtbild zusammenzufassen, so lassen sich gewisse Konstanten erkennen, die durch die Jahrhunderte hindurch verfolgt und als Ausdruck einer spezifisch europäischen Disposition gedeutet werden können:
Ein ausgeprägter Erkenntnis- und Erfahrungsdrang; der Wille zur Teilhabe an der Gestaltung der öffentlichen Angelegenheiten, zur Beherrschung von Natur und Materie, zur logisch-systematischen Analyse sowie prinzipiellen Reflektion der Erscheinungen und damit zur Theoriebildung, zur Geltung durch Leistung und Behauptung im Wettbewerb, zur Überwindung vorgegebener Grenzen; die Entwicklung einer überindividuellen Rechtsordnung; der grundsätzliche Respekt vor dem Eigenwert der Persönlichkeit und die Ablehnung politischer und geistiger Despotie – dies alles tritt, wenn auch in höchst unterschiedlicher Ausprägung, immer wieder so deutlich in Erscheinung, daß es, in diesem Zusammenwirken jedenfalls, als typisch europäisch gelten darf. *Ratio, Libertas* und *Humanitas* können als geistig-sittliche Zentralbegriffe, das personale, das agonale und das infinitesimale Prinzip als leitende Gestaltungsgrundsätze angesehen werden.

Es gehört zur Tragik dieses Kontinents, daß Verabsolutierung und Maßlosigkeit jene Prinzipien immer wieder verzerrt, ja bis zur Selbstzerstörung pervertiert haben. Die gerade in Europa verbreitete Neigung zu Gleichmacherei, Bindungslosigkeit und Anspruchsdenken läßt sich durchaus als konsequente Übersteigerung solcher Prinzipien betrachten: der Überzeugung von der religiösen und rechtlichen Gleichheit aller Menschen, der Neigung zu Grenzüberschreitungen oder zu Leistung und Wettbewerb. Gegenpole hierzu wären der Grundsatz von der Würde des Individuums und der Verschiedenheit der Menschen sowie die Forderung nach einem ausgewogenen Verhältnis zwischen der Freiheit des Individuums und der Anerkennung legitimer Ordnungen.

Die Erkenntnis, daß der freiheitliche Staat von Voraussetzungen lebt, die er sich selbst nicht garantieren kann (E.W. Böckenförde), läßt sich auch auf die politisch zusammenwachsende Europäische Union übertragen. Deshalb wird das weitere Schicksal Europas auch davon abhängen, wieweit es sich dieser seiner Voraussetzungen bewußt bleibt.

Die Autoren

Peter Bollmann, geb. 1937 in Berlin, Studium der Geschichte und der Romanistik in Kiel und Lille, Tätigkeit im schleswig-holsteinischen Schuldienst, davon sechs Jahre als Studienleiter für Geschichte und 15 Jahre als Leiter des Elsa-Brandström-Gymnasiums in Elmshorn, bis 2003 Sektionsleiter der Schleswig-Holsteinischen Universitätsgesellschaft.

Dr. Ulrich March, geb. 1936 in Köslin, Studium der Geschichte und der Germanistik in Köln, Berlin und Kiel, Tätigkeit im schleswig-holsteinischen Schuldienst, davon 27 Jahre als Leiter des Gymnasiums Bad Bramstedt, 1973–99 Sektionsleiter der Schleswig-Holsteinischen Universitätsgesellschaft, geschichtswissenschaftliche Publikationen, insbesondere zur norddeutschen Landesgeschichte.

Dr. Traute Petersen, geb. 1941 in Danzig, Studium der Geschichte und der Germanistik in Tübingen, Basel und Kiel, Tätigkeit im schleswig-holsteinischen Schuldienst, davon 20 Jahre als Leiterin des Studienseminars für Gymnasien in Elmshorn, zugleich Studienleiterin für Geschichte, 1988–92 Bundesvorsitzende des Verbandes der Geschichtslehrer Deutschlands, geschichtswissenschaftliche und geschichtsdidaktische Publikationen.

Anmerkungen

1 Hingewiesen sei auf zwei Stellen in der *Germania* des Tacitus: »Ja, sie (die Germanen) glauben sogar, daß ihnen (den Frauen) etwas Überirdisches und Seherisches eigen sei, und sie verachten ihre Ratschläge nicht und nehmen ihre (Gegen-)Vorstellungen ernst.« (*Inesse quin etiam sanctum aliquid et providum putant, nec aut consilia earum aspernantur aut responsa neglegunt;* cap. 8.) – »Damit die Frau nicht etwa annehme, sie stehe außerhalb der geistigen Sphäre des Mannes und der Welt des Kampfes, wird sie (bei der Hochzeit) … daran erinnert, daß sie in Not und Gefahr seine *Partnerin* sein werde, entschlossen, ein und dasselbe Schicksal in guten und in schlechten Zeiten auf sich zu nehmen und zu erdulden.« (*Ne se mulier extra virtutum cogitationes extraque bellorum casus putet … admonetur venire se laborum periculorum sociam, idem in pace, idem in proelio passuram ausuramque;* cap. 18.)

2 Homer, *Ilias* VI 208 und 445

3 Thukydides II 65, 9

4 Arrian VII 1, 1

5 Cicero, *Tusc. disp.* I 1–3

6 Sueton, *Caesar* 77

7 2. Mose 17,8 – 16

8 2. Mose 17,11 und 12

9 Brief an Pirckheymer vom 25. Dezember 1518

10 Deutsche Reichstagsakten (unter Kaiser Karl V.), Jüngere Reihe, Band II, Göttingen 1962, 595

11 Brief Goethes an Schiller vom 19. Januar 1802

12 »*… Il arrivera donc, ce moment où le soleil n'éclairera plus sur la terre que des hommes libres, ne reconnaissant d'autre maître que leur raison: où les tyrans ou les esclaves, les prêtres et leurs stupides ou hypocrites instruments n'existeront plus que dans l'histoire et sur les théâtres …*« (aus: Condorcet, *Esquisse d'un tableau historique des progrès de l'esprit humain, Dixième période: Des progrès futurs de l'esprit humain*, 1794)

13 Freiherr vom Stein, sogenannte *Nassauer Denkschrift*, Juni 1807

14 Thesen über Feuerbach, 11, Brüssel 1845

15 *Manifest der Kommunistischen Partei*, II, London, 1847

16 E. Grey, 4. August 1914

17 *Atlantik-Charta* vom 12. August 1941, nach: »*Kriegsdokumente … der Vereinten Nationen*«, Hamburg 1946, 9

Grundlegende Literatur

H. Bengtson, *Griechische Geschichte,* 5. Auflage, Stuttgart 1977.

H. Bengtson, *Römische Geschichte,* 8. Auflage, Stuttgart 2001.

A. Bullock, *Hitler und Stalin,* München 1999.

J. Burckhardt, *Die Kultur der Renaissance in Italien,* 11. Auflage, Stuttgart 1988.

L. Dehio, *Gleichgewicht oder Hegemonie,* 3. Auflage, Krefeld 1996.

F. Furet, *Das Ende der Illusion,* 2. Auflage, München/Zürich 1996.

H. Hattenhauer, *Europäische Rechtsgeschichte,* 3. Auflage, Heidelberg 1999.

P. Hazard, *La crise de la Conscience Européenne,* Paris 1961.

H. Herzfeld, *Die Moderne Welt 1789–1945,* 2 Bände, Braunschweig 1969/70.

J. Huizinga, *Herbst des Mittelalters,* 11. Auflage, Stuttgart 1975.

Ch. Meier, *Caesar,* Berlin 1982.

F. Meinecke, *Die Idee der Staatsraison in der neueren Geschichte,* 3. Auflage, München 1963.

E. Meyer, *Römischer Staat und Staatsgedanke,* 4. Auflage, Zürich 1975.

H. Mitteis, *Der Staat des hohen Mittelalters,* 10. Auflage, Köln 1980.

E. Nolte, *Der europäische Bürgerkrieg 1917–1945,* 5. Auflage, München 1977.

M. Rostovtzeff, *Gesellschaft und Wirtschaft im Römischen Kaiserreich,* Leipzig 1931.

Th. Schieder (Herausgeber), *Handbuch der europäischen Geschichte,* 7 Bände, Stuttgart 1968 ff.

H. Schulze, *Staat und Nation in der Europäischen Geschichte,* 2. Auflage, München 1995.

A. Soboul, *Die Große Französische Revolution,* 2 Bände, Frankfurt 1973.

M. Stürmer, *Die Kunst des Gleichgewichts,* München 2002.

W. Weidenfeld (Herausgeber), *Europa-Handbuch,* Gütersloh 2002.